子育て中のお母さん・お父さんに贈る

子育てのヒント

外山滋比古

新学社

ブックデザイン　山下美咲
カバーイラスト　佐藤玲奈
本文

子育てのヒント

もくじ

第3章 自ら学ぶ力
―よい生活習慣がよい心を育てる―

第4章 子育てのヒント
――暮らしの中ですぐに役立つ――

第1章

頭のいい子は耳がいい

—聞き取る力がこどもを伸ばす—

はじめのはじめ

こどもを育てる、というのは、こどもがもって生まれた力をひき伸ばし、生きていくのに必要なことを身につけさせることです。教えることです。

それは、小学校はもちろん、幼稚園までも待っているわけにはいきません。早ければ早いほどよろしい。生まれた直後から始めるのが理想的です。そのことを知らずに、ぼんやり、のんきに子育てをするお母さんがすくなくありませんが、それでは、こどもがかわいそうです。

早くから子育ての教育をするのは人間だけではありません。一部の高等動物は人間顔負けの早教育、〝家庭〟？教育をしています。たとえば、ある種の鳥ではヒナが生まれるとすぐ母鳥によって、〝すりこみ〟（インプリンティング）が行われるのです。鳥として覚え、身につけなくてはいけないことを、教えます。親がしてみせる、それをヒナがまねるのです。くりかえしくりかえし教えますから〝すりこみ〟というわけです。短い期間、四週間、五週間くらいで、〝すりこみ〟は終わります。みごとというほかありません。

人間の子にはこういうインプリンティングがしにくい事情があります。ご存知のように人間の赤ちゃんは未熟児で生まれてきますから、〝すりこみ〟を受けたくても、できないのです。すこし体が発達するまで待たなくてはなりません。子育ての難しいのも、そこにあると言ってよいでしょう。その間に、親はインプリンティングを忘れてしまいかねません。

はじめのことば

生まれたばかりの赤ちゃんには〝すりこみ〟ができないと言いましたが、ひとつだけ例外があります。ことばです。

未熟児として生まれてくる赤ちゃんは、目もよく見えませんし、手足を思うように動かすこともかないませんが、耳だけは、充分に発達しています。それどころか、胎内にいるときすでに、お母さんの見ているテレビの音に反応すると言われるくらいです。

その耳を使って、ことばの〝すりこみ〟をするのです。くりかえし、ことばを聞かせるだけでよろしい。このことば、こどもにとって〝おっぱい〟母乳と同じように大切なもので、これを母乳語と言うこともできます。母乳は生まれたばかりのこどもの成長、発達に必要なすべてのものを含んでいて、それだけで体もどんどん大きくなっていきます。それと同じように、母乳語はこどもの心の発達に必要なすべてのものが入っています。母乳が体のかてであるのなら、母乳語は心のかてであると言ってよいでしょう。

何も難しいことはありません。お母さんがこどもに向かってあれこれ話しかけるだけのことです。それにはお母さんはなるべく口数の多いほうが、こどもは学ぶのに楽をします（こどものことばの先生になる女性が生来、言語能力がすぐれているのは偶然ではありません。エストロゲンという多弁になるホルモンを多く持っていると言われます。自然の摂理にはおどろくほかありません）。

ことばは、くりかえしで覚えます。くりかえしが大切なのはなにもことばに限ったことではありませんが、ことにはじめのことばはくりかえしが重要です。何度も何度も言い聞かせます。そのうちに、自然に覚えます。

ただくりかえすだけではいけません。長くつづけないとうまく〝すりこみ〟ができないのです。

くりかえしをつづけて、三十カ月もしますと、こどもは、母乳語がわかり、自分でも使えるようになります。こども心も、それにともなってはぐくまれます。それを昔の人は三つ児の魂、と呼びました。〝三つ児の魂百までも〟と言うように一生変わることのない個性の根のようなものと考えてよいでしょう。母乳語の教育はたいへん重要です。

もうひとつのことば

母乳語などという名前はどうでもよいのですが、生まれてから三十カ月くらいの〝すりこみ〟のことばは、こどもの成長にたいへん大切なものです。これが不充分ですと、こどもはことばができないばかりでなく、精神的発達が悪く、知能も遅れてしまいます。

さすがに、たいていのお母さんが、はっきり自覚はしなくても、母乳語の教育はしているものです。その証拠に、三歳くらいになってまったくことばのわからない子はほとんどありません。

しかし、ことばの教育はこの母乳語で終わるのではありません。もうひとつのことばがあります。母乳を飲んでいた子がやがて離乳するように、母乳語だけのことばを教わっていた子も、三十カ月くらいしたところでことばの離乳をします。離乳語を学ぶことになります。

もうひとつのことば、というと、さっそく字を読んだり、書いたり、のことだと早とちりする人がないとも限りませんが、そうではありません。文字は小学校からで決して遅くありません。早教育などと言って、読み書きを教えるのは疑問です。それより先に、大切な〝もうひとつのことば〟を教えなくてはなりません。離乳語です。これもやはり話しことばです。

母乳語は、こどもの身のまわりの、見たり、さわったりするモノやコトについてのことばです。具体的です。

これだけでは、見たり、さわったりすることのできない、遠いところのこと、考えることなどがわかりません。人間がほかの動物とまったく異なるのは、こういう抽象的なことばをもっている点です。これがしっかり身についていていないと、人間は万物の霊長、ホモ・サピエンス（知の人）であると言うことができなくなります。離乳語が心のかてであるのは母乳語と変わりがありませんが、しいて言えば、知能のかてであるとしてよいでしょう。

　母乳語はこどもの身のまわりのこと、当面のことを話し聞かせていればよいのですが、見たり、さわったりできないことについてのことば、抽象的なことばを教えるには、生活の中のことばでは間に合いません。いまここにない、むかしの、あるいは、遠いところのものごと、を表していることば、つまり、お話が離乳語だというわけです。

　こう言うといかにも難しそうですが、むかしから、ちゃんと離乳語を教えていたのです。おとぎ話を聞かせるのです。学校のないごく古い時代からすでに、幼児にお話を聞かせることは行われていました。むしろ近年になって、そういう古くからの習慣を軽んじる傾向がつよまりました。幼児の知的教育は、読み書きや算数をすることだと誤解する若いお母さんがふえました。こどもの本当の知能の発達のために残念なことだと言わなくてはなりません。

もうひとつのことば、離乳語の教育は、むかし話、おとぎ話、外国の童話などを〝話して聞かせる〟ことで進められます。

話を聞かせる、といっても、いい加減な話し方ではいけません。こどもが飛びまわっているような昼間に、「むかし、むかし、あるところに……」などとやるのは賢明ではありません。いちばんよいのは、夜、寝る前に、寝物語として話してやることです。これならおとなしく聴くことができます。

この離乳語もやはり、くりかえしが大事です。同じ話を、何日もくりかえします。こどもは知っている話をくりかえし聞くことをいやがりません。それどころか、むしろ喜ぶものです。同じ話では〝あきる〟などというのは、大人の言うことです。

くりかえし、そして、つづけます。十日や二十日では離乳語教育は完了しません。すくなくとも一年や一年半はかかると覚悟する必要があるでしょう。

耳をよくする

先年、成人式で講演が静かに聴けない新成人が知事から一喝《いっかつ》を食ったというニュースがありましたが、話が聴けないのはなにもこの人たちだけではありません。大学の講義も静かに聴けず私語する学生が日本中にうようよしています。小学校では児童がさわぎ立てて授業のできない〝学級崩壊《ほうかい》〟が問題になっています。幼稚園のこどもは、たいてい、大人の話を三十秒くらいしか、じっと聴くことができません。

みんな耳が悪いのです。ひとの話をしっかり聴くしつけ、教育を受けていないためです。こどもや若い人に限らず、日本人はだいたい、話をしっかり聴く能力が、ヨーロッパ、アメリカの人に比べて劣っています。幼児のときに耳の教育、話をよく聴くしつけを受けなかったためだと思われます。

イギリスに〝こどもは見られるべし、聞かれるべからず〟ということわざがあります。判じもののようですが、つまり、こどもは大人の言うことを、だまって、よく聴きなさい、という意味です。良家のしつけはこれをモットーにしました。アメリカへも渡ってひろまっています。

そのアメリカでは、幼稚園で〝聞きとり練習〟をしているところがあります。ひとりひとりの子に先生がすこし離れたところから、ひとことふたこと小さな声で話す。それをこどもがオウム返しに言うという訓練で、こどもはいっしょうけんめい聞き耳を立てるのですが、なかなかうまく聞きとれなくて、苦労します。しかし、これで耳がよくなるのはたしかです。

日本では、すぐまねることができないかもしれませんが、耳をよくする教育は欠かすことはできません。

家庭では、毎日、できれば毎夜、夜が無理なら、朝起きて間もなくのところで、話、おとぎ話、むかし話を、聞かせます。十分間くらいで充分です。いくら忙しいお母さんでもこどもの寝る前の十分間、話を聞かせることくらいはできないはずはありません。

やはり、これも教育です。くりかえし、くりかえし同じ話をします。そして、それをつづけます。すると、それが習慣になり、こどもは話をよく聴くことが自然にできるようになります。それがひいては心をはぐくみます。知能の発達にもなるのです。

このごろ、お母さんがこどもに本を読んで聞かせる、読み聞かせが多くなりました。もちろん聴く耳を育てるのに役立ちますが、できることなら、直接、こどもに向かって話す、話だけをする素話《すばな》し、素語《すがた》りをしたいものです。

聡明、ということばがあります。理解力、判断力にすぐれるという意味です。賢いことです。文字を見ますと、聡は、耳がよく聞こえることを指しますから、耳偏がついています。明は、目がよく見えることです。その明の目よりも、聡の耳のほうが先になっているのはいかにも象徴的です。こどもは、まず、耳で聞いて知能を高め、そのあと、目で読んで知識を学んで賢くなるのです。幼児はまず、耳を育てなくてはなりません。そのつもりになれば、こどもはだれでも聡明になることができます。

こどもの耳をよくするために話を聞かせましょう。こどもは一生、それをありがたいと思うようになるに違いありません。

頭のいい子は耳がいい

学校の勉強のよくできる子のことを頭がよいといいます。そして、頭のよい、悪いは生まれつきで、どうにも、しかたがないように思っているのが普通です。つまり、先天的な能力によって頭がよい、悪いときめこんでしまっているのです。だいたい、頭がいいというのはどういうことか、考えることもあまりないのです。

学校の成績がいいのは記憶力がすぐれているからです。頭のよい子は記憶力がよいのです。その記憶力も、持って生まれたものではありません。生まれてから生活経験の中で芽生え、だんだんつよくはぐくまれるのが記憶力です。どんなにもの覚えのいい子でも、生まれて二年くらいの間のことはほとんど覚えていないのです。その間は、記憶力がまだ発達していないからだと考えられます。

その記憶力がどうしてつくのか、くわしいことはわかりません。小学校では、もうめいめいに記憶力がそなわっているものという前提のもとに、授業をして、よく覚えておきなさいと命じます。忘れていないかどうか、テストをしてたしかめます。忘れたことのすくない子ほど、点数がよく、よくできる、頭のいい子となるのです。

学校はこどもの記憶力をたよりにして勉強を進めますが、その肝心な記憶力はどうしたらよくなるのか、先生も考えていることはほとんどありません。はじめに記憶力ありき、です。つまり、なかば、先天的能力のように考えているのです。

記憶力は先天的なものではありません。すくなくとも、その大部分は、そうではなく、幼児のうちに、発達するものだと考えられます。もの覚えのよい子、つまり、記憶力のよい子は、優秀な成績を上げます。社会へ出てからも大きな成果をおさめることができます。人間の知性の中核をなすのは記憶力だと言っても過言ではないでしょう。

その記憶力を、しようと思えば、つよくすることができるのです。どうしたらよいのか、それが問題です。

ことば、話をよく聴くことによって、聞いたことが頭にしっかり刻み込まれます。忘れにくくなります。とくに覚えようとしなくても、記憶に残るのです。そういう記憶のイメージがつみ重なって、記憶力になると想像されます。ぼんやり聞いていたのでは、覚えていられません。そういう聞き方ばかりしていれば、記憶力はよわくなってしまいます。つまり、頭はよくなりません。

よく聴く。心をこめて聴く習慣をつければ自然に記憶力もよくなります。記憶力がすぐれていれば、学校の勉強など何でもありません。学力の大部分は記憶力によってつけられたものです。学力の低い子は、集中力がよわく、しっかり話やことばを聞きとれませんから、大事なことが頭に入りません。とにかく、まず、耳をよくすることから始めなくてはならないのです。

なるべく早くこどもに、大人の話をよく聴く生活習慣をつけることです。それが記憶力をつよくし、すぐれた頭脳をはぐくみます。

そのように考えますと、幼いこどもの教育でもっとも大切なしつけは、話をよく聴く耳を育てることであるということになります。

頭のいい子は耳がいい。

第2章

家庭という学校

—毎日のくりかえしがよい生活習慣をつくる—

家庭は学校

教育は学校でするもの、と考えている人がすくなくありませんが、たいへんな考え違いです。学校だけが教育をするのではありません。学校だけが学校ではありません。それどころか、こどもにとって、もっとも大切なことを学ぶのは、家庭という学校です。生まれるとすぐ入学し、十五、六年は在学する、最初で、最長の学校です。

学校ですから、先生がいます。必要です。お母さん先生とお父さん先生です。お父さんは非常勤、パートの先生であることが多く、家庭という学校はお母さん中心になります。ところが、この両先生には先生の自覚がなく、心構えもないことがすくなくありません。これでは、こどもは生きていくのに身につけなくてはならないことを学ぶことができなくなります。体だけ大きくなっていくという不幸なことが起こります。現にこのごろ、問題を起こしている、心を失ったこども、青少年の多くも、家庭学校が教えるべきことを教えなかった結果であると言ってもよいでしょう。こどもは被害者なのですが、それをどこへも訴えることができません。あわれです。しっかりした家庭という学校をつくることは親にとっての責任です。

そういうことをわきまえない家庭という学校が、どんどんふえています。親たち自身、きょうだいがすくなく、こどもらしいことを知らないで大きくなった人たちです。こどものことをよく知らないで、家庭学校の先生になるのですから、たいへんなわけです。

とにかく、こどもは家庭という学校で人間としてのはじめての歩みを始めます。むかしの人の言った、〝三つ児の魂〟も、ここではぐくまれるのです。

現代の教育において最大の問題は、崩壊しかけた家庭という学校がふえてきたことです。手をこまねいて見ていられない事態と言うべきでしょう。

〝すりこみ〟

これはすでに前にのべたことですが、こどもが生まれるとすぐ教育をするのは人間ばかりではありません。それどころか、人間顔負けの、しっかりした〝家庭〟？教育をしている動物もあります。人間は万物の霊長などと威張っていますが、こと、こどもの哺育については、決して大きな顔はできません。

たとえば、オオワシの子育てがそのいい例です。ヒナがかえると、すぐ子育てを始めます。ヒナは〝先生〟を見分ける本能を持って生まれます。自分より大きく、動いて、音声を出すもの（母鳥）が〝先生〟であることを知っています。

ヒナは母鳥のすることを、いちいちまねようとします。先生の親鳥は片時もヒナのそばを離れようとしないで、子育てに専念します。親はヒナが大きくなったら、どうしても身につけていなくてはならないことを、くりかえし、くりかえしして見せて、ヒナができるようにします。これを〝すりこみ〟（インプリンティング）というのも、先にお話ししました。

四週間もすると、〝すりこみ〟は完了。短期集中の教育です。そうすると、子は巣立ち、親は子離れをします。みごとというほかありません（もっとも鳥の中にも、カッコウのようにほかの種類の鳥の巣の中へ卵を産みつけ、子育てをさせるのもあります。どこか、一部の人間の親たちのしていることに似ていて苦笑させられます）。

オオワシなどに比べると、人間の子育ては、いかにも不徹底のようです。しかし、これにはワケがあります。人間の子は未熟児で生まれてきますから、〝すりこみ〟をしようにも、新生児はそれに応じることができません。目はよく見えず、手足も思うように動かすことができません。インプリンティングは、当分の間、おあずけにならざるをえません。その間はただ、身体的発育、成長につとめることになりますが、そうしている間に、〝すりこみ〟のことが忘れられかねません。育児の落とし穴です。

〝赤ちゃんことば〟

生まれてくるこどもは未熟児で、〝すりこみ〟ができない——そう言いましたが、ただひとつ例外があります。ことばです。これだけは、生まれた直後から始められます。また、始めなくてはなりません。

ほかの器官、機能は充分に発達していない新生児ですが、耳だけはよく聞こえます。おなかの中の胎児でさえ、母親の見ているテレビの音を感じているといいます。ほかのことができないからといって、耳を使えばできることばの教育までおろそかにしては、それこそたいへんなことになります。ことばによって人間らしくなるからです。

もともと女性はことばの能力がすぐれていて、よくしゃべります。しかし、ダテにしゃべるのではなく、生まれてくるこどものためです。ことばを教える先生が、口数がすくなかったり、しゃべるのが嫌いだったりしては、〝ことばの教育の教材〟が不足して、こどもがかわいそうだ、というので、神さまが、女性の口をよく動くようになさったのかもしれません。

生まれたばかりの子に文字を教えるのは論外です。身のまわりのことをくりかえしくりかえし、言って聞かせるのです。そのときは〝赤ちゃんことば〟を使います。赤ちゃんに向かっては、大人同士で話すときより、すこし調子を高くし、抑揚を大きく、同じことをくりかえすようにします。意識しなくても、お母さんはこどもに向かえば、自然にそういう話し方をするものです（もっとも、このごろは、この赤ちゃんことばの使えないお母さんがふえているようです）。

ことばを教えるといっても、特別な教え方があるわけではありません。こどもの身のまわりの、ごく普通のことを、くりかえしくりかえし、言っているだけでよいのです。

これはなにも幼い子に限りませんが、ことばを覚えるのは一にも二にも、くりかえしです。はじめのうちは、二度や三度で覚えられるようなことばはないと言ってよいのです。ただ、ただくりかえしていると、いつの間にか、ことばがわかるようになります。ただ、人間にだけ見られる驚異的能力です。このくりかえしの学習は、その後の小学校、中学校の勉強でももっとも有効な方法ですが、ことばはその基礎、基本です。

ものを学び、知識を身につける学習は、まず、学ぶ、つまり、まねることから始まります。そして、ならう、つまり、学んだことをくりかえし練習します。どんなに難しいことでも、まねて、くりかえしていれば、覚えることができるものです。

そのようにしてこどもは、まったく何も知らないことばを、短い間に習得してしまいます。ほとんどすべてのこどもがこれに成功します。

家庭という学校で教えるもっとも大切なことは、ことばです。母親の〝すりこみ〟によって覚えたことば、母（国）語は一生の間、消えることがありません。また、母親のほうでも、こどもに話しかけているうちにお母さんらしい心がはぐくまれて、子育てを通してお母さんは、人間的にもひとまわりふたまわり大きくなります。

生活

家庭という学校でこどもがまず学ぶのはことばですが、もちろん、それだけではありません。人間として生きていくのに必要なすべてのことを、幼いうちに覚えます。言いかえると、生活を身につけます。

朝起きてから、夜寝るまで、いろいろなことをします。食べて、歩いて、遊んで、話をしたり、トイレへ行ったり……。実にさまざまなことを学びます。親はその先生です。

家庭学校の教育は〝生活科〟が中心です。学校という学校――小学校、中学校が、学科中心に知識を勉強するのとは違います。ちかごろ、家庭という学校の生活教育が充分ではなくなって、しっかり生活の基本が身についていないいま小学校へ入ってくるこどもが多くなりました。これではいけない、というので、小学校に〝生活科〟の時間ができました。遅まきながら、生活教育の不足を補おうというわけです。家庭という学校は、このことを恥じなくてはならないでしょう。

一例ですが、食事のしかたができていません。ちゃんと箸《はし》が使えないこどもが多くて、学校給食は先われスプーンで食べることになります。学校の生活科では、箸の使い方まで教わりません。箸が持てない子は鉛筆もしっかり持つことができず、いい加減な握り方をしている子が半分以上もあるということです。万事、この調子です。生活の教育はもっと家庭で充実させないと、人間らしい人間に育ちません。

生活を学ぶのも、やはり、まねて、くりかえすという方法によります。ことばの習得がそうでしたが、一度や二度やってみただけでできるようにはなりません。大切なことは、反復。くりかえしくりかえして、身につけます。こうして覚えたことは一生、忘れることがありません。

このように、生活を学ぶというのは、習慣をつくることです。毎日くりかえしていることが生活習慣になります。うっかりすると、よくない生活習慣がついてしまいます。健康面から言うと、よくない生活習慣は、やがては生活習慣病の原因になります。

くりかえし・つづける

家庭という学校の〝勉強〟はとくに難しいことをするのではありません。ものごとを覚えたり、いろいろなことができるようにすればよろしい。

どうして覚えるのか、できるようになるのか、といいますと、一にも二にも、くりかえしです。ことばを覚えるのが、そうでした。同じことを何度も何度もくりかえし聞いているうちに、とくに努力しなくても、おのずからわかるようになります。幼い子に、ことばの学習をしている自覚はありませんが、それでもくりかえし聞いていることばは、いつとはなしに覚えてしまいます。ことばの意味もだれから教わらなくても自然にわかるようになります。

また、たとえば、ボタンをはめる、というようなことでもそうです。ボタンをはめるのはたいへん複雑な動作で、どんなに進んだロボットでもとうていできないのです。それをこどもはだれでも難しいとも思わないで、するようになります。一度ではできません。二度、三度と失敗したりして、くりかえしているうちに、慣れて、できるようになるものです。

ならう、というのは、教わって知る〝習う〟ことのほかに、何度もくりかえして、〝慣れる〟という意味を持っています。

人間がものを学ぶ第一の原則は、この〝くりかえし〟〝反復（練習）〟であります。どんなに難しいことでも反復、練習していれば、いずれはできるようになります。

広い意味での教育は、この反復によって進められます。勉強なども、ひと通り習っただけでは、よくわからないのです。同じことをくりかえして復習をすることではじめて、実力、学力になります。反復は実りです。

そうはいっても、三日坊主でやめてしまっては何もなりません。「ローマは一日にして成らず」と言いますが、反復も長い間つづけて行わなくては効果があらわれません。

むかしから、「継続は力なり」、と言われますが、反復も継続によって、どんどん高度の習熟に達することができるようになります。勉強でいえば、復習を毎日怠《おこた》らずに継続して行えば、学力という〝力〟になります。やはり、継続は力なり、です。

このふたつ、継続と反復が結び合わさりますと、習慣になります。どんなことでも、同じことを長い間、くりかえし、くりかえし、していると、習慣になってしまいます。とくに努力しなくてもすることができますし、また、しないと気持ちが悪くなります。たいていの習慣は本人が自覚しなくなっているものです。

「習い性となる」と、言われます。習い、つまり習慣は、その人の性、つまり、人柄、性質をつくり上げる重要なもとです。ヨーロッパでは、〝習慣は第二の天性なり〟ということばがあります。習慣によって、人間の性格がつくられることを認めているのです。

つまり、反復は実り、です。

継続は力なり、です。

さらに、反復、継続は習慣なり、であります。

それによって人間は個性をつくり上げます。よい習慣をつけた人はすぐれたりっぱな人間です。よくない習慣を身につけるのは価値のすくない人間、ということになります。

〝心〟をはぐくむ

問題を起こすこどもが多くなったこともあり、このごろ、〝心をはぐくむ〟ということがよく言われるようになりました。

ところが、どうしたら、豊かな心が育つのか、よくわかりません。心は知識とは違って、教えるわけにはいかないのです。それで、ただ、心、心、豊かな心をと、かけ声ばかりかけることになってしまいがちです。

心は、意識しなくなったような生活習慣によっておのずからはぐくまれるのです。よい生活習慣はよい心、よくない生活習慣はゆがんだ心をつくります。

習慣は、前にのべたように、同じことのくりかえしによってつくられます。

その習慣が、その人の性質を形づくります。昔の人が、「習《なら》い性《せい》となる」、と言いましたが、習慣が性質になるのです。性質はほとんど心と同じとみてさしつかえないので、習慣は心なりと言ってもよいでしょう。

よい生活をしていれば、よい生活習慣ができ、それによって自然に健全で豊かな心がはぐくまれるというわけです。学校という学校——小学校、中学校は時間がすくないこともあって、生活習慣をつけるまで手がまわりません。家庭でするしかないのです。学校でつけることのできる習慣は学習の習慣ですが、これでさえ、学校だけではおぼつかないのです。家で勉強の復習をする、その習慣ができてはじめて学力がしっかり身につくのです。

第3章

自ら学ぶ力

―よい生活習慣がよい心を育てる―

空気の教育

普通の学校では校則があります。先年からこまかい規則でこどもをしばるのはよくないという声が高まり、校則を簡素化したり、なくしてしまったところもあります。集団生活をしていく上でのルールはやはりなくてはならないでしょうが、大人の世界でも規則緩和が望ましいこととされる風潮の中で、校則をこまかくしたり、ふやしたりということは考えられないでしょう。そのためもあって、いまの学校には校風というものが消えてしまっています。校風ということばを知らないで卒業するこどもが大部分です。しかし、こどもたちが学んでいる学校はそれぞれ違った校風を持っているのが自然でしょう。

家庭という学校にも、校則に当たるものがなくてはいけません。家則ということもできるでしょう。はっきりことばにはなっていなくても、両親の考えと生活を反映したルールがあります。多くの場合、はっきりした形をとらず、意識されることもすくないのです。

かつては、それを家風と呼びました。こどもの育ち方はこの家風によって大きく異なります。家風三代ということばもあります。一朝一夕にできるものではありません。長い間、家族が生きてきて、自然につくり上げる目に見えない文化です。その中で生活していると、ごく自然に、あることはするが、別のことはしない、といった習性を身につけるようになります。ものの考え方、感じ方さえもそれによって決定づけられることもすくなくありません。

こどもは、この家風によってはぐくまれていきます。むかしの人が、こどもは〝親の背中を見て育つ〟ということを言いました。このごろ家庭の教育力が低下したと心配されていますが、ひとつには、家風がしっかりしていないからだと言うこともできます。親たちの生活がしっかりしていないと、家風はおだやかな心をはぐくむそよ風ではなくて、嵐、台風のようになってしまい、こどもの心を傷つけます。

家庭という学校の先生は、まず、りっぱな家風をつくらなくてはいけません。こどものために、努力して、よい生き方をするように心がける必要があります。こどものために、親はよりよき人間になることにつとめるのです。

こどもに限らず、人間は、ことばにならない雰囲気、空気から深い影響を受けます。感化というのも空気による教育です。薫陶《くんとう》ということばがあります。人間の持っている人柄や人格によって他人を知らず知らずのうちに感化してりっぱな人間にする、という意味ですが、やはり、空気の教育です。もとの意味は土に香のかおりをたき込め、しみこませてつくる陶器のことです。

家庭という学校は、家風によって薫陶の教育を行うのです。口先だけで教えるのとはわけが違います。いわゆる学校はごくわずかしか薫陶の実を上げることはできませんが、家庭という学校は家風という濃密な空気がある限り、こどもを人間としてりっぱに薫陶することができます。

お父さん先生、お母さん先生に期待されるものはまことに大きく、名誉あるその責任はきわめて重大です。

生活習慣

人間は規則正しい呼吸をくりかえして生きています。心臓はこれまた規則正しく働いて血液を体内に循環させます。呼吸や心臓が止まれば生きてはいられません。死です。

これに限らず人間は規則的に生きていきます。それは、体のことだけではなく、生活においても、きまったことをくりかえして生きていくのですが、これは、呼吸や心臓の働きほどしっかり規則的であるというわけにはいきません。それでも同じことをくりかえしてはいるのです。毎日違う生活をするのは生きものとして、たいへんよくないことです。

朝起きて、食事をして、仕事をして、食事をして、また働き、夕方になったら終わって、また食事をする。そして、就寝する。ほとんどすべての人がこのパターンの生活を一生つづけていきます。これを規則的にしなくてはなりません。起床の時間が、早かったり、遅かったり、食事をしたり、しなかったり、仕事を長くしたり、しなかったり。そういう不規則な生活をしていると、健康上もよくありません。さらには心のリズムを失って、精神的にも不安定になります。

家庭という学校で、こどもに教える、もっとも大切なことは生活です。それが充分でないことが反省されて、小学校に生活科という教科ができました。これは家庭という学校にとって恥ずかしいことです。生活科は家庭でしっかり身につけさせるべきであります。

家庭という学校の生活科の教育は、日課づくりから始まります。こどもが一日をどういうふうにすごすか。その時間割です。学校には勉強の時間割がありますが、家庭という学校には生活の日課時間割のあることはすくないでしょうが、やはりつくっておきたいものです。

起床と就寝の時間をきめます。よほどのことがない限り、毎日、同じ時間に起き、同じ時間に寝るようにします。起きる時間はいろいろの事情によってこどもによって違ってきますが、寝る時間は、小学生ならば、午後八時ごろとするのがよろしい。宵《よい》っぱりの朝寝坊というのは生活の乱れ、ひいては精神的な不健康に結びつくおそれがあります。

食事はきちんと三度するようにします。朝と夜は、できれば家族そろって食事をするようにしたいものです。家族のきずな、親子の結びつきも同じものをいっしょに食べることによって、おのずからつよまるものです。ひとりで朝食を食べたり、朝食抜きで学校へ行くこどもがふえていますが、家庭という学校として、努力不足です。

食事をするときには、なるべくたのしい話をします。叱ってばかりいては消化にもよくありません。おいしいと言って食べます。よく嚙んで食べるようにします。ごちそうさまと言わなくてはいけません。これは先生の親たちも同じです。自分たちのしないことをこどもだけにさせるのでは、生活の教育にならないでしょう。

夜になってからこどもがひとりで外出するようなことはしないというきまりをつくっておきます。外出しなくても、夜遅くまでテレビを見たり、ゲームをしたりすることがいけないことであるときめるのです。

そうしてなるべく、体を動かすようにします。スポーツをするのも結構ですが、いちばん大切なのは、歩くことです。車社会になったいま、こどもも運動不足になりがちです。ちょっとしたところでも歩いて行こうとしません。それは大人がそうだからですが、歩かないことが健康によくないことは、生活習慣病の多くが歩かない生活のために起こっていることでも明らかです。もともとは大人に見られた生活習慣病（もと成人病と言われた）が、こどもにも多く見られるようになったのは、家庭という学校の責任です。

生活習慣病は、生活習慣がよくないために起こるのです。心身ともに健康であるためにはよい生活習慣をつける必要があります。家庭という学校は、こどものよい生活習慣をつくるようにつとめなくてはなりません。毎日を、規則的にすごす生活のルールづくりをします。

同じことを、規則正しく、くりかえし、くりかえしつづけていますと、やがて慣れてきて習慣になります。かりに、朝早く起きることにきめたとします。始めのうちは、つらいかもしれません。しかし、毎日、同じ時間に起きるようにしていれば、そのうち、何でもなくなります。たまに、遅く起きると、かえって気持ちが悪いかもしれません。そうなったら、習慣になったのです。

規則正しく反復していれば、たいていのことが習慣になります。習慣ができればとくに努力しなくても、ものごとをすることができるようになります。よい習慣をつけることがよい生活をすることになります。よくない習慣をつければ、健康面では生活習慣病をはじめ、おもしろくない障害を起こす危険があります。

よい生活習慣をつける――これが家庭という学校のもっとも大きな役目です。そして、これはこどもの年齢が低ければ低いほど効果があります。幼いときに何もしないでおいて、悪い生活が身についてしまった思春期になってから、急に生活改善をしようと試みてもすでに手遅れです。〝鉄は熱いうちに打て〟とかつての人たちは言いました。

勉強

「勉強しなさい、とは言われますが、ことばづかいを注意されたことはありません」

こういうこどもが日本では実に多いと言って、フランスの先生がおどろいたという話があります。

教育に関心の高い家庭ほど、こどもの勉強を気にします。勉強さえできれば……と、まるでほかのことはどうでもよいと言わんばかりの親たちがすくなくありません。ことばづかいも、家庭という学校で教えなくてはいけないことなのですが、ほとんど関心がないようです。こどものことばのしつけをやかましく言うフランスから来た先生が、びっくりするわけです。

ことばは学校で教えるとでも思っているのでしょうか。こどものことばづかいを正すような家庭は例外的であると言ってよいかもしれません。ことに、敬語の使い方などは学校の国語でもロクに教えませんから、乱れてしまいました。先生があやしいのですから、こどもに敬語の使い方を教えるのは難しいでしょう。日本語が変わるわけです。

こどもに用を頼むと、こどもはきまって「いま勉強中」とか、「これから勉強する」と言って逃げます。親は、手伝わせるより、勉強のほうが大事だからと思って、それを見逃します。それほどまで勉強を大切に思っているのが家庭という学校なのです。

こういう勉強至上主義はいまの多くの家庭という学校の持っている誤った考えです。生活のすべてを犠牲にして勉強するというのは、人間形成にとっても望ましいことではありません。勉強はあくまでこどもの生活の一部でなくてはいけないのです。

何か家のことを手伝うというのは、よい生活習慣をつくる上でもきわめて大切なことです。そして、生活習慣の一部として勉強もするのが望ましいことです。ことに小学生にとってはそうです。

家庭という学校における勉強はどのようにすればよいのか。それを先生である親がよくわかっていないので、ただ勉強、勉強とさわいでいることがすくなくありません。たしかに勉強は大切ですが、やみくもに勉強すればいいというものではありません。家庭という学校の勉強はどうでなくてはならないか、よく考えられていないことが多いのです。

生活習慣として勉強するのです。毎日しなければ習慣になりません。学校は土曜と日曜を休みますが、家庭という学校は年中、無休です。

こどもの気の向いたときするのではなくて、日課として、時間をきめて勉強します。まず朝、起きてから、顔を洗って、二十分くらい勉強。学校のある日は、家へ帰ってきてから二十分くらい勉強します。だらだら長い時間勉強するのはよくありません。短い時間、精神を集中させ、わき目もふらずに勉強します。毎日、これをくりかえしていれば、やがて習慣になります。勉強をそんなに面倒だとは思わなくなるでしょう。休めばかえって気持ちが悪い——そういうようになればしめたものです。そういう習慣をつけるように、先生である親が上手に導きます。

勉強好きになると、こどもは、長く勉強しようとするかもしれませんが、親は、長くならないように、きまった時間勉強したら、やめるように指導します。短時間、集中して勉強。これがよいのです。

どういう勉強をするのかというと、自分で学ぶのです。教えてもらうのではありません。学校では先生が新しいことを教えてくれますが、それだけでは、わからないところが残ります。うちに帰って、その日に教わったことを復習するのです。これなら、ひとりでできます。教室でよく聴いていれば、ほんのわずかな時間〝おさらい〟復習するだけで学力は確実につきます。学校の授業だけでは学力をつけることはなかなか困難です。家庭という学校で、それをもう一度見なおしてやって、はじめてわかるようになります。一度でわからなければ、二度、三度復習します。それでわからないことなどまずありません。

復習は退屈です。しかし、たいへん大事な学習です。学校の授業では時間がなくて、充分に復習をしていられません。つぎつぎ新しいことを教えていきますが、前のことがよくわからないと、理解することができません。

生活習慣の一部として復習という勉強が身につけられれば、だまっていても、学力は向上します。やがて勉強そのものがおもしろくなるでしょう。

生活習慣は同じことを規則正しく反復、くりかえしてつづけていてつくものであると言いましたが、勉強も生活習慣としてするようにすれば、たいへん大きな成果を上げることができるようになります。よく復習したことは、かんたんに忘れたりしません。応用もできますから本当の学力になるのです。家庭における勉強は一にも二にも復習です。先生である親はそのことを見落としてはなりません。自分で復習することで、のちのちたいへん大きな働きをする〝自ら学ぶ力〟がおのずからつくようになります。規則的に、くりかえし、練習する。すべてのことは、これによって、上達、進歩します。一度だけでわかることはすくないものです。難しいことでも、反復練習すれば、かならずできるようになります。そう信じて、復習をさせるのが家庭という学校です。

心の道

道でないところでも、多くの人がたえず通るところはやがて道になります。一度や二度人が歩いたからといって道になるわけではありません。多くの人が長い間、歩いているところが、自然に道になります。

それは目に見える道のことですが、心の中の道も同じように、長い間くりかえし、したり考えたりしたものが固まってできるものです。

幼い子はまだ、その心の道を持っていませんから、それをつくってやるのが教育の大きな役目です。知識を学ぶのも重要な教育ですが、心の道をしっかりつくり上げるのは、それ以上に大きな価値のあることです。普通の学校では、この心の道を教えることがあまりうまく行われません。学校には、生活が乏しいからです。時間も限られているからやむをえないでしょう。

家庭には、生活があります。時間もあります。ゆっくり、人の道を歩くようにします。人の道といっても、べつに、変わったことではありません。人間ならだれでもそうしなければいけない基本的生活です。

先にのべましたように、朝早く起き、夜早く寝る、というのも、りっぱな人の道です。勉強する、というのも、また人の道です。多少苦しくても、よいことを努力するというのも人の道です。くりかえしくりかえし、継続することによって、こういう生活、行動は習慣になりますが、その習慣そのものがその子の心の道に通じているのです。

近年、心の荒れた、心を失ったこどもがふえてきたこともあって、心をはぐくむ必要がやかましく言われるようになりましたが、心というものを、直接に教えることはできません。道徳の題目をいくらならべてみても、心は育ちません。やはり、普通に、よい生活をくりかえし、つまり、心の道を歩ませることで、よい習慣をつけるほかに、心をはぐくむ方法はありません。

もう一度言いますと、何かをします。何度も何度もくりかえしていると、やがて、ほとんどしていることを意識しなくなります。自然にできるようになります。これが習慣です。「習慣は第二の天性なり」、ということばがあります。要するに、心です。習慣から心が生まれるのです。よい習慣からよい心が育ちます。よくない習慣からはよくない心がはびこります。

家庭という学校は、こどもがよい生活習慣をつくるように導いてやらなくてはなりません。〝勉強はよい習慣づくり〟です。よい習慣はよい心をつくるのに大きな役割を果たすわけが、これでおわかりになると思います。勉強、習慣づくり、心の育成は結びついているのです。知育はおのずから徳育になるのです。

よい生活習慣はもちろん勉強だけではありません。前にものべましたが、勉強は生活習慣の一部であります。

こどもはともすれば、自分中心で、まわりの人のことを考えません。他人の迷惑になるようなことはしないようにしつけます。たとえば、人中《ひとなか》で大声を出してわめくようなことがあったら、静かにしないと、ほかの人にうるさいと思われる、いけないことだと教えます。一度だけでは改まらないでしょうから、何度でも注意します。すると、わけもなく大声を上げるのはよくないこと、ほかの人の迷惑になるのはいけないということが感覚として、心でわかるようになります。

乱暴なことをしてはいけない。弱いものいじめをしてはいけない、ほかの人にやさしい気持ちを持つ、というような人の道も、折にふれて教え、くりかえして、習慣化します。よい心がそれだけ大きくなります。

こどもはとかく衝動的です。ブレーキのきかない車のように、自分をおさえることができない。思ったことは、すぐしてしまう。ほしいものが手に入らないと、かんしゃくを起こします。生まれつきではがまんということができません。がまんも習慣という第二の天性によって身につける人の道です。ちかごろ、がまんができないので、ちょっとしたことでキレる子が多くなりました。自分にブレーキをかけなくてはいけないことと場合があるのを、やはり、習慣にする教育にはもっと力を入れなくてはならないでしょう。

一般に、家庭の生活環境が理想的であることはまれです。よい生活習慣は、親の背中を見ているだけでは充分でないのが普通です。

そういう欠点を補うために、美しい絵を見たり、音楽を聴いたり、話を聴いたりする情操教育が必要になります。よいもの、美しいものになるべく多く、なるべくしばしばふれることで、心は豊かになります。

たのしい勉強

教育は叱って教えるのだと思っている人が多いようです。学校ではテストをして点をつけますが、百点満点をもとにしていますからたいていのこどもは、それに達しません。減点されます。点をひかれるということは叱られているようなものです。ほめられるのは満点かそれに近い点を取ったごく一部のものだけです。在学中、一度も満点を取ったことがないこどもはいくらでもいますが、これは叱られてばかりで、一度もほめられたことがないということと同じです。そういう学校がおもしろいわけがありません。休みを喜ぶのは当然です。

家庭という学校も、同じように減点主義の子育てをしています。学校と違いテストをしませんから、点こそつけませんが、ふたこと目には叱っています。それをしつけだと思っているのですが、いくら叱ってもあまり効き目がありません。こどもの年齢が高くなるにつれて、親の注意を聞かなくなります。それで親はよけいに口やかましく叱ったり、たしなめたりしますが、やがてこどもは相手にしなくなります。親は、もうこどもが言うことをきかない、手に余る、と言って、教育を放棄してしまいます。こどもが十五歳くらいになった家庭という学校の多くはそのような状態になっています。

叱る、減点して、欠けたところ、よくないところを改めさせるということはたしかに大切ですが、こどもが幼いときにしか効果がありません。幼いときでもあまり効き目はないのですが、それでもなんとかこどもは言うことをききます。年齢が高くなると、そういう教育に対して、こどもはつよく反発するようになります。かつては、暴力をふるって言うことをきかせる学校の先生、家庭の親たちもいましたが、いまは体罰は禁じ手になっています。そのため、どうしたらよいのか、先生は、学校でも家庭でも途方にくれるのです。

方法を変えるのです。

これまでは、悪いところを直し改めさせる方法でしたが、これからは、よいところを認めて、それを伸ばしてやるようにするのです。

気の小さい人はすぐに心配します。悪いところを放っておいて大丈夫か。小さいうちに取り除いてやらないと、たいへんなことになりはしないか、などなど。

もっともな心配ですが、それはしばらく棚に上げて、なんとか、よいところを見つけて、それをほめてやるのです。叱るのが減点方式なら、これは加点方式です。近代教育ではあまり試みられることのない教え方です。

たとえば、こどもが悪いことばを使ってこまるとします。親がいくら、使ってはいけないと言っても、こどもは平気で使うでしょう。そういう場合、親はこどもが悪いことばを使っても、知らん顔をするのです。叱ったりしません。無視するのです。こどもがよくないことばを使うのは大人の反応がおもしろいからです。まるで無視されたのでは、張り合いがありません。つまらなくなります。

そして、何かの拍子で、よいことばを使うときがあったら、その場で、すぐ、ほめてやります。ほめられてうれしくない子はいません。最高の反応はよいことばを使ったときに見られるとわかれば、こどもは好き好んで悪いことばを使わなくなります。しかし、一般に、上手にほめることは、叱るよりはるかに難しいものです。

テストの点がよくなかったこどもがいるとします。お母さん先生はその点数を見て、どうしてもっと勉強しないのか、といった愚痴《ぐち》ともつかぬことばを浴びせます。こどもは、成績をうちで見せなくなります。出来の悪いテストであっても、どこかよいところがあれば、前よりもすこしでもよくなっているところがあれば、それを認めてほめます。もし、どこもほめられないようでしたら、つぎのチャンスを待ちます。つぎのテストの点がすこしでもよくなっていたら、それを素直に認め、はっきりほめてやります。親に喜ばれること、ほめられることはこどもにとってたいへん大きな達成感になります。心からうれしいと思うでしょう。それは顔にもあらわれます。こどものいちばんいい顔はほめられたときの笑顔です。

ほめることをくりかえしていると、がまんしたり、努力することがそれほどたいへんではなくなります。

たとえば、どうしても朝早く起きられない子がいるとします。急に三十分、一時間早く起きなさいと言ってみても聞くわけがありません。かりに一日に五分ずつ早く起きるようにします。そして五分早く起きられたら、よく起きた、とほめます。つぎの日はもう五分早起きします。やはり起きられたら、ほめて力づけます。これを十日もつづけられれば、一時間くらいの早起きは朝飯前のことになります。

勉強というものは、もともとおもしろいものではありません。はじめから勉強好きなこどもはむしろ〝変わった子〟です。たいていの子はできれば怠けたいと思っています。それをただ、もっと勉強しなさい、しなくてはダメじゃないか、と叱ってみても、効果はありません。

前にものべましたが、勉強の日課をこしらえます。二十分なら二十分の復習をしたら、よくやったと認めてやります。星取り表のようなものをつくって、勉強のできた日には〇、できなかった日には×をつけます。〇が五十になったらほうびを出すということにすれば、こどもはおもしろがって、毎日の勉強をするようになります。やがては勉強がおもしろくなり、勉強が好きになります。

同じようなこどものグループを二つこしらえて、一方にはただテストの採点した答案を返すだけ、他方のグループのこどもには答案を見せないで、ただ、

「テストはよくできた」とだけ告げます。こういうことを何度かくりかえしたあとで、両グループの学力を比べてみると、わけもなくほめられていたグループのほうがはっきり成績がよくなっています。こういうことを「ピグマリオン効果」といいます。

家庭という学校では「ピグマリオン効果」を上げる子育てが望まれます。人間の力を伸ばすにはこうするのだという名言があります。

シテミセテ
イッテキカセテ
サセテミテ
ホメテヤラネバ
ヒトハウゴカジ

これにひとこと、つけ加えるとすれば、

ホメレバブタガキニノボル

となります。

家庭教育はほめることで、不可能に近いと思われることをなしとげることができます。

第4章

子育てのヒント

—暮らしの中ですぐに役立つ—

ほほえみ

ある小児科のお医者さんがおもしろいことを言いました。

「お母さんはこどもが二歳すぎくらいまでは実にやさしい、いい声で話しかけます。ところが三歳になると、急にことばがきつく、けわしくなるのです。わたしは、これをお母さんの声変わりと言っています。ふたこと目には叱るようになるのです」

こどもが三つくらいのときに、お母さんのことばの調子が変わるというのです。気がついていないお母さんが多いでしょう。

長年、母と子をよく見てきた小児科医の観察はするどい。

どうしてお母さんがこういう声変わりを起こすのか。このお医者は何も言いませんでしたが、その理由ははっきりしています。

よその子が気になりだすからです。生まれて二年くらいの間、お母さんはわが子のことだけを見ていて、よその子のことなんか目に入らない。それが、そろそろ幼稚園か、というころになると、いやでも、よその子に注意が向く。比べるともなく、わが子と比べてしまう。そうすると、どうもわが子のほうが遅れているような気がする。あせる。じっとしていられない気持ちになる。よその子に負けないようにしてほしい。それなのに、この子ときたら……、ほんとにしょうがない……、というのでついつい声が荒くなる、というわけです。

三歳児に限ったことではありません。よその子と比べてはいけないのです。比べれば、どうしても、よその子のほうが進んでいるように思われるのが親心です。

そんなこととは知らない子は、やさしかったお母さんが急にきびしくなれば、どんなにつらい思いをするかしれません。はっきり自覚できないだけに、あわれです。

いつもやさしく、ニコニコほほえみのお母さんこそ、最上のお母さんです。先のお医者さんは、ニガ虫を嚙みつぶしたような顔をした医者はこどもの病気をうまく治さない、とも言いました。

ほうび

スキナーのハトというのが有名です。アメリカの心理学者スキナー博士が、時計の針のように三六〇度回転するハトを育てました。

もちろん、ただエサをやっているだけで、そんな芸当のできるハトになるわけがありません。訓練をしました。といってもハトです。人間の命令などわかるわけがありません。

スキナー博士の訓練の方法はいたって簡単。ハトが、ちょっとでも右（つまり時計まわりの方向）を向いたら、すかさず、好物のエサをやります。反対を向いたら、知らん顔。また右を向いたら、エサ。これをくりかえしていて、ハトはエサがもらえる右向きにひとまわりするようになりました。

ハトにも能力の違いがあるであろうに、すべてのハトが、この方法で三六〇度、右まわりができるようになったのです。

人間はハトではない。それはそうですが、生きものとして相通じるところがあります。ハトの学習も他山の石にはなるでしょう。

こどもにものを教えます。難しいことでも、このハトと同じ方法でやれば、いずれうまくできるようになります。

何よりまず、一回、一度でできるようにしようと考えないことです。くりかえしくりかえす。反復練習。そして、うまくいったら、かならず、よくできた、よかった、とほめてやらなくてはいけません。ハトはエサをもらったからこそ、普通のハトのできないようなことをやってのけられるようになったのです。

ハトはエサをもらいました。こどもにもほうびをやるのです。オヤツでもよいですが、こどもはハトよりも賢いからモノでないほうがよく効くでしょう。

ことばでほめられるほうが、オヤツのほうびより喜びます。「よくできたわ」「いいわ」「お母さんとてもうれしい」というようなお母さんのほうびに、こどもはどんなに力づけられるかしれません。

学年末、学校からもらってくる通知表もどこかよいところを見つけて、ほめてやります。それでこそ、こどもはやる気を起こし、伸びます。

イメージ

大人になってうまいと思うのは、たいてい幼いときにうまいと思って食べたものです。ラーメンほどうまいものはないと言って育った人は、いくつになっても、食べたくなります。ときに、人目をしのんでも、こっそり食べます。

こどもがどうして好きになるのか、こどもが自分でうまい、好きだときめるのではありません。まわりで、うまい、うまいと言うから、いつとはなしに、そう思うようになります。そう思って食べれば、うまいのです。イメージができます。

何でもそうですが、くりかえしていると、習慣になります。その習慣がイメージをつくり上げるのです。〝おふくろの味〟もそうしたイメージを持った食べもの、味わいです。本当にうまいかどうかは問題ではありません。なつかしいイメージがいいから、なつかしいし、うまいのです。

きれい好きな子も、はじめからきれい好きではありません。遊んだあと、きちんと後片付けをするように、しつけられる。片付けると、きれいにして、えらいね、とほめられます。ほめられればうれしい。後片付けはいいことだというイメージができます。いったんイメージができると、きれいにしないと、気持ちが悪くなり、こうしてひとつ、よい習慣がついたことになります。

こういうイメージをつくりそこねた子は一生の間、整理・整頓がへたで、身のまわりを乱雑に散らして生活するようになります。親がそうであれば、蛙《かえる》の子は蛙ではないが、こどもも散らかし放題になってしまいます。

しつけといってもべつに難しいことではありません。こどもが、いいことをしたら、すかさず、ほめ、感心しないことをしたときは、いけません、とだけ言って知らん顔をするのです。こどもだってほめられたほうがいいにきまっています。くりかえすようになります。習慣ができる。それがしつけのできたということです。

こういう習慣からにじみ出てくるのが、心です。こども心は一生変わりません。

試験

四月に入学したこどもたちがそろそろ試験を受ける時期です。もちろんはじめてで、試験がいやで学校がきらいになる子もいます。

いやでもどうでも、こどもたちは、小学校から中学校、高等学校と、ずっと試験を受けなくてはなりません。高校や大学へ入るときには入学試験という関門もあります。当分、試験との縁は切れない。それだけに、小学校一年一学期の試験をうまくのりこえることが、たいへん大切です。へたをすると、あとあとまずいことがつづきかねません。

そうかといって、まわりが大さわぎするのは逆効果です。試験、試験と大人が緊張すると、こどもはストレスでかえって力を発揮することができなくなってしまいます。気になっても、なるべく、そっとしておいてやるのが望ましい。

体調が悪いと試験がうまくいきません。家庭では、病気にならないように心をくばってやりたい。規則正しい生活をさせることがコンディションをよくします。したがって、成績をよくするために家庭としてできるいちばんの準備かもしれません。とくに夜ふかしをしないようにします。睡眠不足の頭はよく働きません。

答案をもらったら、かならず、うちで親たちに見せる習慣をつけるようにします。一年の一学期にそういうものだとしておかないと、あとで答案を見せることはなくなってしまいます。小学三年くらいになると、答案や通知表をうちで見せる子はへってしまいます。

こどもが答案を持ってきたら、親はことばに気をつけないといけません。「できなかったね」「もっとやらなくちゃダメ」といったことばを出すと、こどもはおもしろくない。そのうちに見せなくなります。

出来が悪くても、いっしょうけんめいにやった結果です。なるべくいいところを見つけて、多少、無理をしても、ほめてやらないといけません。ほめられるのなら、こどもは、つぎの試験の答案も見せようと思うのです。

お話

電車に乗ったら、外国人の母子《おやこ》がいました。妙に静かです。見ると、お母さんの膝の上に本がありました。それを小声で読んでいるお母さんの口もとを、聞きもらすまいと、小さな子が見つめているのが、かわいかった。

すこし離れたところで、学校帰りのこどもたちがうるさく騒いでいるのが特別じゃまに思われました。

こういうお母さんをもって、この子は幸せだと思いました。

いつか、別の外国人女性が、やはりこども連れで電車に乗っていました。

この母子は、何やら話をしていました。低い声です。ときどき、その男の子が大きな声を立てる。するとお母さんが、人差し指を口にあてて、制しました。お母さんはときどき指を口もとへ持っていきました。

こうして、このお母さんは、人のいるところでは、大声を出してはいけない、というしつけをしていたのです。

それを見て、感心しているうちに、うちの近所の中華料理の店のことを思い出しました。主人の字で「静かにできないお子さま連れの方はお断りします」という張り紙が客を見おろしているのです。

これまた別の日、列車に乗ったら、あいにく、こどもを連れた母親ととなり合わせです。これはうるさいだろうと覚悟しましたが、意外に静かです。ホッとして、見るともなく、ふたりの様子に注意しました。

お母さんが話をしています。

「村の人たちが〝このハシ渡るべからず〟という立て札を立てて、一休さんをこまらせようとしました。しかし、一休さんは平気で渡りました。立て札を立てた人たちが、渡るな、とあったでしょう。なぜ渡ったのか、ととがめました。一休さんは、ハシは渡りません。マンナカを通りました」

こどもはクックックッと笑ったようです。このお母さんにも感心しました。

よくしゃべる

ある奥さん、外では、よくしゃべる、と思われているのに、うちではロクに口をききません。昼の間、年をとった父親とふたりきりになりますが、ほとんど話をしない。たまに、しゃべっていると思うと相手はネコです。

この人のこどもはもう大きくなりましたが、小さいときに、あまり話をしてやりませんでした。ＰＴＡの役員にえらばれましたが、しっかりしたことを言うというので、先生からも注目されていました。ところがウチではこどもへのことばかけがすくなかった。こどもはテレビを相手に育ったようなものです。そのせいかどうかわかりませんが、こどもはいくらか自閉的でした。

元来、女性はよくしゃべる。そう生まれついています。こどもができたら、ことばを教える先生にならなくてはいけません。口数がすくなくては話にならない。神様がエストロゲンという女性ホルモンを女性にたっぷりお与えになりました。よくしゃべって当然です。

女性の多弁は、母親になったときの大切な資格のようなものです。あだやおろそかにしてはいけません。

「いいえ、わたし、よくしゃべっています」

とおっしゃるお母さんがすくなくない。しかし、見ていると、叱ってばかりです。叱るのはたいてい、半ば叫びです。とてもしゃべっているとは言えません。

小学校へ入る前から、こどもにあまりいろいろなことを教え込むのは、感心できません。よく遊ぶほうがずっと大切です。

ただ、話をよく聴く習慣だけは幼いときによくつけておきたいものです。話がよく聴ける、聞きわけのいい子は、たいてい勉強もよくできます。

お母さんはそのための話をする先生で、ひょっとすると、学校の先生以上に、こどもの一生に大きな影響を及ぼします。

とにかく、お母さんは、こどもとおしゃべりをする。そうすれば、こどもの成長はまちがいありません。

おさらい

このごろは難しいことばを好んで使います。

小さな子が、お母さんに言います。

「そんなことしてたら、読書の時間がなくなってしまう」

どうして、「それでは、本が読めなくなってしまう」と言えないのでしょうか。大人が、漢字のことばを多く使うから、それにかぶれて、こどものことばまで硬《かた》くなってきたのでしょう。

かつては、おさらい、と言ったことを、いまは復習と難しいことばにします。

勉強にインスタント、ということはありません。一度、習ったら、それでよし、とはならない。学んだことのおさらいをします。しなくては学習になりません。学習とは、読んで字のごとく、学んで、習う、のです。習う、の中に、くりかえすという含みがあります。おさらいです。

こどもは、復習、おさらいが嫌いです。これは、いまもむかしも変わらない。すすんで復習するようだったら、すこし変わった子です。

学校は、時間のないこともあって、しっかり復習をしているゆとりがない。どんどん先へ進み、あとの復習はうちでするようにと言って、ほったらかしにします。

そのうちがまた、復習ということをそんなに大事なことだと思いません。予習のほうがずっと勉強らしいと思います。勉強しなさいとは言っても、復習をしなさいとは言わない。こどもは、復習なんて、おもしろくもない、と思っているから、言われなければ、しない。言われても、しないでしょう。

学校で習ったことを、うちで復習し、教科書を暗記してしまうくらいになれば、かならず成績はすばらしくよくなります。

勉強は復習によってはじめて身につきます。

友だち

このごろのこどもは、友だちとみんなで、いっしょに遊ぶことがすくない。遊びたくても仲間もいないのです。きょうだいがいなくて、けんかしたくとも相手がいない。しかたがないからひとりで遊ぶ。ひとりごとを言いながら、ひとりでいる子を見るとさみしくなります。こどもの孤独はお年寄りのひとりよりいっそういたましい。

お母さんがわが子の友だちづくりに熱心でないどころか、むしろ喜ばない傾向があります。ことにお母さん同士が親しくないと、こどもがその子と仲よくなるのが、おもしろくないのかもしれません。お母さんの友だちえらびは、けっこううるさい。たまたま、友だちができると、こんどはふたりだけいつもいっしょにいて、ほかの子をよせつけなくなったりします。ふたりして孤立するようなことになりやすく、やはり社会性に問題を生じるのです。

ひとりぼっちだったり、ひとりしか仲よしのいない子ほど、いじめにあったりする。いろいろな友だちがいるのが望ましい。こどもが友だちから学ぶことは、目には見えないが、たいへん大きいのです。

あるお母さんが、ひっこみがちなわが子のために友だちづくりを考えました。こどもの誕生日に、何人かの子を招いて、パーティーを開いた。日曜日の午後です。

お母さん手製のケーキとジュースの会です。こどもたちはたいへん喜びました。招かれたこどものうちでも同じような誕生会が開かれるようになり、その数人はたいへん親しい遊び仲間になったそうです。

先のお母さんは、その誕生会で、みんなの前で、こんなことを言いました。

「うちの△△は、パパ、ママって言っていますが、これからは、お父さん、お母さんと呼ぶことにしますから、みなさん、どうぞよろしくね」

呼び方を変えるのは恥ずかしいと言っていた子が、それで、すんなり、変えたといいます。

泣き笑い

ひところ、小さなこどもが泣いているのをあまり見かけませんでした。どうして泣かないのだろうと、不思議に思ったこともあります。

ところが、最近、また、泣いている子をちょくちょく見かけます。やはり泣くのだと思いなおしています。

もともと赤ん坊は泣くものです。泣く子は育つと言いました。泣くからつよくなるのか、つよいから泣くのか、そこのところはわからないが、とにかく泣くものである、と達観していました。

もっとも、こどもに泣かれるのは、大人にはつらいものです。そのむかし、本多重次《ほんだしげつぐ》が陣中から妻にあてた有名な手紙にも「一筆啓上、火の用心、おせん泣かすな、馬肥やせ」とあります。火のついたような泣き方をされると、はたのものでも苦しくなります。

お母さんたちもほとほと手をやいているように見えることがあります。外だと、人前ということもあって、ときには感情的になっているお母さんを見かけます。あるいは「ねえ、お願い、ねえ、お願い」と言ってなだめている人もあります。その気持ちはよくわかるけれども、こどもが泣いたくらいで、オタオタするようでは、お母さんがすたるのです。

どこ吹く風、と知らん顔をしていればよいのです。泣く子は、泣くことで、何かの意思表示をしているのだが、それをいちいち聞き入れていると、やがて、泣けば思うようになるとばかり、ちょっとしたことでも泣くようになります。泣いて頼むというのは大人だけのことではないようです。泣かれて負けてはいけないのです。

泣くのは放っておいても泣くが、笑うのはそうはいかない。おもしろいことを言ったり、したりして笑わせるのが望ましい子育てです。

というのも、よく笑うこどもほど頭がいい。欧米ではそう考える人がふえています。頭のいい子ほどよく笑う、とも言う。ただ、笑わせるのは泣かせるよりも難しい。

カゼ

こどもはよくカゼをひきます。
あるお母さんが、
「むかしから、こどもはカゼの子、と言ったんですってね」
と、どこかで聞きかじったコトバに感心しました。
残念ながら、これはカゼはカゼでもカゼ違いです。
こどもはカゼの子、というときのカゼは風で、冬になるとひくカゼは風邪です。
風の子、というのは、こどもは寒い風の吹くところでも元気に遊ぶものだ、という意味です。そういえば、こどもは大人ほど寒がらない。真冬でも、脚をまる出しにしています。さぞ寒かろう、と思うが、なれてしまえば平気です。過保護な大人が、気をつかって厚着をさせると、かえって、こどもはときどき寒いと思うことがあって、カゼをひく。カゼの子には薄着をさせないといけないのです。

その反面、いくら、ひかないようにと思っても、こどもはカゼをひきます。たしかに大人よりもよくひく。どんなに注意しても、ひくときにはひくのです。

こどもがカゼをひいたからといって、親がいちいちオロオロしてはいけない。なるべく温かくして、静かにして、早く治してしまうことです。たいていは数日で治る。治さないといけません。

自分ではひかなくても、小学校や幼稚園で友だちのカゼをもらってきます。それをきらって、こどもを学校や幼稚園へ行かせたくないと思うお母さんもあるらしい。

ものは考えようである。カゼをひくのも経験です。カゼをひくたびに、体は抵抗力をつける。その証拠に、年齢が上がるにつれて、だんだんひかなくなります。免疫性ができるのでしょう。

そう思えば、カゼもこわくない。うまくつき合う気持ちになりたいものです。

手をつなぐ

駅のホームを幼い子がおぼつかない足どりでひとり歩いているのは、見ていてヒヤヒヤします。お母さんはいるのに、知らん顔をしてよそを見ています。幼いときから自律性を高めようというのかもしれないが、すこし見当が違っています。

危ないところでは、ちゃんと手をつないでいなくては保護者とは言えません。口先ではなく、にぎった手を通じて、母親の思いはこどもに通じる。外へ出たら母子は手をつなぐのが原則です。

あるところのお母さん、小学四年生になった男の子と道を歩いていて、急に手がつなぎたくなった。手をさしのべたら、こどもから「お母さんのエッチ」とやられて、ショックだったそうです。手をつなぐ適齢期は小学一年どまりでしょう。

手をつなぐだけではなく、こどもはお母さんが、そばにいてくれるだけで、たくさんのことを学んでいます。お母さんといる時間の長いほど、こどもは発育がよく、発達も早い。

お母さんが、うちにいる子は、外で仕事を持っているお母さんの子より、知能の発達が早いという研究が発表されて話題になっています。といっても日本のことではなく、アメリカの話です。

母親が家庭にいる子は、フルタイムの仕事を外で持っている母親の子に比べると、三歳児ですでに、知能の働きに相当な差が出る、というのです。子育てに専念できる親の子のほうがよい。

アメリカのコロンビア大学の行った研究で「幼児発達ジャーナル」という学

術専門誌に発表されました。

外で働く母親の不安をやわらげるためか、その差をはっきりさせず、〝相当な差〟とボカしてあります。有職の母親の場合でも、特にこどもの世話を熱心にすれば、その差は〝縮まる〟と含みを残しています。

タクシー

先日の日曜の朝です。散歩から帰ってきて、わが家の近くまで来ると、追い抜いていったタクシーがとまります。一瞬、だれか、うちへやって来たのかと思いました。

しばらくして、タクシーから、小学校一、二年くらいのこどもが降りました。大人もつづいて降りるだろうと思ったら、そうではない。こどもがひとりで乗ってきたのです。

その子は、降りると、さっさと向こうのほうへ歩いて行きました。どこへ行くのだろう。しばらく見ていたが、四つ辻のところで曲がって見えなくなってしまいました。

それにしても、あの子はひとりタクシーで何しに来たのであろうか。日曜だから学校の帰りでないのははっきりしています。塾の帰りとしても、朝が早すぎます。

休みだから、親戚のうちへ行くのかもしれないが、それにしても幼い子をひとりタクシーに乗せてやるのは、よほどのことがあったのかもしれません。

それにしては、幼いながらも落ち着いていたから、変わった事があったのではないだろう。それにまた、あの子は、なぜ目的地まで乗っていかないで、手前で降りて、歩いて行ったのだろうか。

日曜でも、親には仕事があって、あるいは忙しくて、こどもについて来てやれなかったのだろうか。あんな小さな子をひとりタクシーに乗せて、心配ではないのだろうか。

いまはクルマの時代である。小学生だってひとりでタクシーに乗ってどこがいけない、何ごとも早くから経験させたほうがいい、と言われるかもしれません。それはそうだが、年寄りから見ると、どうも気になります。

あぶなっかしい。変な気を起こした人間が連れ去るというのもまったくないとは言い切れない。大人がついて行っても過保護にならないだろう。

ぼんやりそんなことを思いながら、しばらく門のところで立っていました。

あの子は、どうしたのだろうか。いまもふと思い出します。

門出の祝い

いよいよ入学です。

こどもだけでなく、親も緊張します。

だからといって、あまりさわぎたてるのは考えものです。ふたこと目には「学校へ行って、そんなことをしたら叱られるからね」などと言うのは禁物。いかにも、学校がコワイところであるような先入観をもたせて、いけません。幼稚園もたのしかったが、学校はまた幼稚園とは違った、おもしろいことのいっぱいあるところだと期待させます。「新しいお友だちがいっぱいできるよ」「新しい勉強して、いろんなことがわかっておもしろいよ」「お母さんも、小学校へ入ったとき、とてもうれしかったな」といったことをさりげなく話してやります。

そして、いよいよ、入学したら、入学祝いをします。このごろは何かというと、外でごちそうを食べます。入学祝いにレストランへ行くのも悪くありませんが、できれば、お母さん手づくりのこどもの好きな料理を家族いっしょに食べるようにしたいものです。

家族水入らずもいいが、近くに親戚のこどもがいたら、招いて、いっしょに門出を祝うのもおもしろいでしょう。

入学祝い、というと、むやみと、ものを買い与える家庭が多いけれども、心のこもった祝いのほうがこどもにとってもつよい感銘を与えます。

学校からうちへ帰ってきたら、学校の話を聴いてやるようにします。たとえまずいことでも、決して叱ってはいけません。わけをよく聴いてやります。お母さんはいつも味方です。どんなことでも話せる、話したい、そういう気持ちの子にすることが、こどもの成長にとって、たいへん大きな意味を持ちます。
なるべく大きくなるまで、お母さんに何でも話す子であることが望ましい。
それを入学早々から、習慣づけます。
それはともかく、入学はめでたい。祝いましょう。

食事のマナー

これは前にも書いたことですが、近所に、評判の中華料理店があります。入ると壁の張り紙が目に入ります。

「静かにできないお子さま連れの方はお断りします。店主」

(これだと、静かにできないのはこどもではなく、親ということになっておかしいが、料理店ではそんなことはどうでもよい。筆で書いた大きな文字は達筆です。)

よほど騒々しい、行儀の悪いこどもが多く、ほかの客から苦情が出たのでしょう。こんなことを書き出すのは、よくよくのことです。店のおやじさんの顔が見えるようです。

あるとき、若い友人夫妻をホテルの食事に招くことにしました。小学校入学前のひとり息子が、ひとりで留守のできる年ではないから、いっしょに招待するつもりでいると、父親がことわってきました。

「まだ、人さまの前で、恥ずかしくないように食事ができるようにはなっておりませんので、せっかくですが、こどもは辞退させていただきます」と言うのです。それで、こどもはどうするのか。心配しますと、

「ひとを頼んでいっしょにいてもらいます」という答えである。その配慮に感銘しました。

べつのとき、べつの若い夫婦をレストランでご馳走することにしました。やはり小学一年のひとり息子がいる。連れていらっしゃいと言ったら、喜んでいっしょに来ました。

この男の子が実に活発です。すこしもじっとしていない。椅子をがたがたい

わせる、食器をガチャガチャさせる、食べたものはこぼします。そして、ときどき大声を上げます。

両親はすこしも騒がず、食事をたのしんでいるが、こちらは、店の手前、ほかの客の手前、恥ずかしく、ヒヤヒヤしどおしで、食べたものの味もよくわかりませんでした。

こどもがよそで食事ができるようになるのはたいへんなことだと改めて思いました。以来、こども連れを食事に招待することはしていません。

学力をつける方法

小学生の学力調査をしたところ、以前に比べて、算数、社会の学力が低下していることがわかり、大きな問題になりました。家庭も不安をいだいているようです。どうして学力が落ちたのか、いろいろな人がさまざまなことを言っています。

いちばん多いのは、学校が完全週五日制になり、その分、勉強の時間がへったのがいけないという声です。しかし、いまさら、土曜の授業を復活するわけにはいかないでしょう。

そのほかでは、〝ゆとりの教育〟がいけない、という声もすくなくありません。十年くらい前までは、学校も家庭も、こどもは忙しすぎる。詰め込み教育をやめよと言っていたのです。それにこたえて〝ゆとり教育〟が始まったのですが、学力低下が問題になると、さっそく〝ゆとり〟がいけないということになりました。教育の難しいところです。

学力低下の原因はそんなところにあるのではありません。こどもの勉強のしかたに問題があるのです。もちろん、教える側にも責任がないわけではありませんが、主として考えなくてはいけないのは、学校ではなく、家庭であり、こども自身であります。

何かというと、復習です。復習が足りなくては、勉強したことが、身につきません。すぐ忘れてしまう知識にすぎなくなります。学校の授業は時間が充分ではありませんから、教室で復習にたっぷり時間をとることは困難です。先生の中にも、復習の大切さをご存知ない方もすくなくありません。

いずれにしても、復習は、こどもが自分ですべきです。自学自習とは復習のことを言うのです。家庭は、復習の大切なことを理解して、毎日、かならず復習をする習慣をつけるようにこどもをしつけていくことです。これでこどもの学力は確実に向上します。短い時間でいいのです。毎日、欠かさず復習をしていれば、成績のよくなることうけ合いです。

まんじゅうと自転車

小学校へ入って、何がいちばんうれしかったかを思い返してみました。いちばんうれしかったのは、はじめてもらったまんじゅうです。そのころ、四大節があってハタ日と言っていました。カレンダーにハタがついているのです。授業はありませんが、休みではなく、朝のうちに式がありました。式がすむと帰るのですが、担任の先生が、ひとりひとりにまんじゅうを手渡してくださいました。たいへん大きなまんじゅうです。そのころの田舎のこどもはおやつというものを知りませんでした。まんじゅうもめったに見ることもなかったのです。はじめてもらったときはびっくりしました。小学校はいいところだと思いました。ふだんはこわい先生が、そのときだけは仏さまのようでした。

もうひとつうれしかったのは、自転車を買ってもらったことです。

小学校に入って間もなくのとき、父が、一年の終わりの成績がよかったら、こども自転車を買ってやると言いました。いまとは違い、そのころは自転車というものがほとんどありませんでした。大人でも買えないで、自転車に乗れない人がいる時代です。こどもで自転車に乗っている子はほとんどいませんでした。その自転車が買ってもらえるというのです。夢のようでした。

〝成績がいい〟というのは、どういうことか、こども心によくわかりませんでしたが、とにかく先生の話をよく聴いて、試験で百点を取ればいいのだと思いました。

三学期の終わりにうちへ持って帰った通知表を見て、父が、よくやった、約束の自転車を買ってやる、こんど町へ行って買おう、と言いました。自転車はたしか十円でした。

その自転車に乗れるようになるまで父がつきっきりで教えてくれたのも一生の思い出です。本当に夢のようでした。

ものをもらうのはうれしい。ほうびをもらうのはもっとうれしい。それを覚えました。

ほめてこそ…

フランスに「しかめっつらのお医者はこどもの病気を治さない」という有名な、ことばがあります（モンテーニュ『随想録』）。こどもを診察するお医者は、こどもから好かれるようでないと、いけないというのです。

ノーベル賞の小《こ》柴昌俊《しばまさとし》教授が、お母さんから「どうしたら理科の好きな子になるのでしょうか」という質問に答えて、ひとこと、

「とにかく先生が好きになることです」

と言われたのをテレビで見ました。さすがだと感心しました。先生が好きになれば、放っておいてもこどもは勉強好きになります。学校がたのしくなりま

す。先生が休むと、一日つまらないと思うくらいです。理科に限らず何だって、よく勉強し、よくできるようになります。

どうしたら先生が好きになれるか。小柴先生はこれについては何もおっしゃっていませんでしたが、べつに難しいことではないのです。ほめればよろしい。

こどもは、ほめてくれた先生はかならず好きになります。

これは先生のことではありませんが、こんな話があります。

ある小学校の授業参観日です。たくさんのお母さんが教室へつめかけました。児童は、めいめい字の書き方の練習をしています。ひとりのお母さんが近くのこどもの書く字を見て、「字がお上手ね」とほめました。こどもは顔を上げてニッコリしました。担任の先生がすこし離れたところにいて、それを見ていました。

何日かのち、お母さんが買いものに行く途中で、その子が仲間と遊んでいるのに会いました。通りすぎたあと、その子が友だちに「ボク、あのおばさん大好き」と言っているのが聞こえたそうです。

さらに後日、担任の先生が、そのお母さんに、「あの子は、あれ以来、生き生きとしてきました。お母さんには教えられました」と言ったそうです。

歩け歩け

　ある山村の話。二つある小学校を一つに統合することになり村中のさわぎになりました。なくなる学校の子が遠くまで歩かなくてはならず、かわいそうだ、と親たちが反対し、ほかの人たちも同調したのです。結局、こどもたちを毎日、タクシーで送り迎えすることで話がついたそうです。遠いといっても大したことはないのですが、クルマになれた人たちはそうは思いません。

　むかしは学校がすくなくて、二キロ三キロを歩いて通学する子もいました。そういう子に限って皆勤、無遅刻というのが多いのです。よわい子が遠い学校へ通うようになると、たいてい丈夫になりました。

近年は小学生の生活習慣病がふえているようですが、原因のひとつは歩かなくなったことです。こどものときに歩かなかった大人がウォーキングなどしていますが、すこし、遅いのです。

八十六歳になるおじいさんが、大腿骨《だいたいこつ》の骨折で大手術を受けました。そのあと、年が年だし、リハビリをしても歩けるようになるのは難しいと担当医師に言われたそうです。しかし、このお年寄りは、りっぱにまた歩けるようになってお医者を感心させました。小学校・中学校を通して遠くの学校へ歩いて通ったおかげでは、というおじいさんの話をお医者も認めたそうです。

歩くだけではなく、階段を昇り降りするのもいい運動です。エスカレーターがあれば、階段を歩いて昇り降りしたくないのはこどもばかりではありませんが、そこは努力です。

高齢者になって、階段から落ちて骨を折り、寝たきりになり、やがて亡くなるという人がたくさんいます。

階段を日常的に使っている人はそうでない人に比べて心臓病にかかりにくいという医学の調査結果もあります。こどものうちに、よく歩き、階段の昇り降りをする習慣をつけておけば、のちのちのためになります。

ピグマリオン効果

ほめられる子はいい子です。いい子ならほめられるのは当たり前だと思われるかもしれませんが、そうとは限りません。逆に、ほめられるから、よい子になるのです。あまりよくできなくても、先生から、よくできるとほめられると、やがて、本当によくできるようになります。これは、ピグマリオン効果として教育学において認められていることですが、実際にそういう教育が行われるのはすくないようです。

この問題にふれた調査が注目されています（信濃毎日新聞・平成十五年四月十九日付記事）。

長野県駒ヶ根市の学校心理士、小平幸春さん（七十二歳）が児童生徒四五〇〇人に行ったアンケート調査です。大人からほめられたことのあるこどもほど問題行動がすくないという結果が出ました。

自分で、自分のことを「好き」と答えた児童は小学校一年生で、五一％と半分以上あります。二年生になると三八％と急減します。三年生、三七％、四年生は四二％と持ちなおすものの、五年生、二六％、六年生は二三％とまた落ちます。

全体をみると、学年が上がるにつれて自信を持つ子がすくない傾向がわかります。そして、それがまた、ほめられ、ほめられたことばを覚えている子の比率とほぼ同じ数字になるというところが注目されます。

つまり、児童は学年が上がるにつれて、ほめられることがすくなくなり、そのために、自分が好きでなくなっていくということです。学校の先生は、叱るのに忙しくて、ほめるゆとりがないのでしょう。

学校だけではありません。家庭でも、子どもの学年が上がるにつれて、ほめることがすくなくなります。それでこどもは年々、自信を失っていくのです。ただ「よかった」「すごかった」というだけではなく、具体的に、心をこめてほめることで、ピグマリオン効果はより大きくなります。

よく学びよく遊ぶ

「小学三年の男の子ですが、勉強をいやがってこまります」

「勉強って、おもしろいものではありませんからね。好きなほうがむしろ変わっているのかもしれません」

「親としては、のんきなことを言ってはいられません。なんとか勉強してもらわないことには…」

「一年のときからずっとですか。勉強をいやがるの」

「前はそうでもなかったんですけど」

「このごろになってからですか。何か思い当たることはありませんか」

「そういえば、野球を始めてからです。勉強なんかおもしろくないって……」

「それはそうでしょう。野球は仲間がいますし、上達するのが自分でもわかります。勉強とは比べものにならないでしょう」

「でも、勉強してくれないとこまります」

「ごもっとも」

「何かいい方法はないものでしょうか」

「そうですね。野球は好きで、うまくなりたいと思っているわけでしょう。それを利用してみたらどうでしょう？」

「利用するって？」

「野球ばかりやっていても、うまくならない。同じくらいの練習だったら勉強をよくしている子のほうがうまくなる、上達が早い、とそう言うのです」

「それって、ホントでしょうか。こどもも本当にしないでしょ。そんなこと言っても」

「決して、でまかせではありません。スポーツはかなり頭脳的です。勉強で頭の働きをよくすれば、野球をするときでも、早くうまくいくようになります。スポーツで集中力をつけたら、それで勉強すれば短い時間でいい勉強ができます。スポーツと勉強は両立します。文武両道ということばが昔からあります」

「ためしに、そう言ってみましょうか。うまくいけば、うれしいんですけど」

かけっこ

こどものころのかけっこがなつかしく思い出されます。運動会のハイライトでした。近年、ああいう競争はさせません。やめさせてもらいますという家庭があらわれたとかで、かけっこのない運動会もあります。

うちの子が小学校へ入って、はじめての運動会のかけっこでビリでした。二年もそうでした。運動会をいやがるようになりましたので、走り方を教えました。運動会の前の二、三日、公園へ行って、脚の上げ方、手のふり方、前傾姿勢などを指導しました。いつになく素直にこちらの言うことをきいて、かわいいと思いました。

運動会のかけっこでは見事にトップでした。母親はそれを見て泣きました。こどもも妙な顔でしたが喜んでいました。それから明るくなったようでした。

幼稚園の園長をしていたときのことです。となりの小学校から運動会の案内を受けました。この間まで幼稚園にいたこどもたちが、どんなに成長したか見たくて、出かけていきました。小学校の校長さんと並んで見学をしましたが、いちばん興味のあるのはやはりかけっこです。

七、八人の一組がつぎつぎ走ります。はじめのところで飛び出し先頭に立つ子がいます。あれが一着かな、と思っていると、途中から後ろにいた子がぐんぐん出てきて、前の子を追い抜いて、先頭に立ち、そのままゴールするというのがあります。

注意して見ていますと、そういう組が実に多いのです。となりの校長さんに向かって、

「どうも、はじめのところだけでは、わかりませんね」

と言いますと、ふかくうなずいて、

「かけ出しのところで、速い遅いをきめてはいけませんね。かけっこだけでなく、そうかもしれません」

と応じました。

こどもも、気がつかずに、かけっこから多くのことを学んでいるでしょう。

どうして…？

澤柿教誠《さわがききょうじょう》先生の講演を聴きました。

ノーベル賞の田中耕一《たなかこういち》さんを小学校のときに担任された方です。田中さんは授賞式から帰国すると、まっ先にこの恩師のところへ報告とお礼を言いに行かれたのはニュースで知っていましたが、この講演を聴いて、この先生が教えられたのなら、ああいうりっぱな人が育っても不思議ではないと思いました。

いちばん感動したのは澤柿先生が、こどもの言うことに耳をかたむけ、その観察のするどさ、すばらしさに、いちいちおどろいておられることでした。こどもは天成の科学者である、というのが先生の信念のようです。

学校でなくても、こどもはおもしろいことを見つけて、大人に質問します。

あるとき、高架線を走っている電車の中で、こどもがお母さんにたずねました。

「ねえ、ここの屋根は、どうして、みんなああんなに低いの？」

お母さんは、ほかの乗客の手前もあるからでしょうが、いかにも、うるさいと言わんばかりの調子で、

「こっちが高いのよ」

のひとことで、片付けてしまいました。こどもはどう思ったかわかりませんが、叱られたみたいな顔をしていました。

こちらは富士五湖のひとつの近くを走っているバスの中のことです。お母さんが右手近くにそびえる富士山をこどもに教えました。

「ソラ！　富士山よ」

こどもは承知しません。

「あんなの、富士山じゃない」

「富士山ですよ！」

「ウソの富士山だ！」

「ほんものですよ、いやな子ね」

「どうしてまっ黒なの？」

こどもは、絵や写真で雪をいただいた富士山をよく知っています。こんなに近くで見るのははじめてです。お母さんは、おこったらしく、ものを言わなくなりました。

よく聞きよく学ぶ

かつて陸上競技の名選手だったという老学者にお会いして、運動と勉強の話になりました。

「普通、運動をすると勉強ができない、と言われますが、いかがでした？」

「あとで考えたことですが、運動の練習が忙しくてロクに勉強する時間のないときのほうが学校の成績がよかったですね」

「ちょっと逆のような気がしますが……」

「いや、そうなんです。部の練習で、くたくたになるまでグラウンドにいます。夕食後はすぐねむくなり、寝てしまいます。勉強の時間はないわけです。

それなのに成績はいいのです」

「不思議ですね」

「もっと勉強しなくてはと思って運動部をやめました。するとどうでしょう。成績はかえって悪くなりました」

「どうしてでしょうか」

「どうも授業の受け方に問題があるようです。運動の練習で勉強の時間がないと思うから教室ではそれこそ真剣に先生の話を聴きます。授業中に勉強が頭に入ってしまいます。運動をやめて時間があるようになると、気がゆるんで、聞き方が雑になる。それがいけないのでしょう」

「文武両道はそれでなり立つわけですね」

「運動選手は集中力がすぐれています。集中力がよわくては試合にも勝てません。勉強でも集中力がものを言います。運動のうまい子が勉強もよくできるというのは、不思議でも何でもありません」

「集中力をもって授業を受けられれば勉強なんか何でもなくなります」

「このごろはこどもの学力が低下したというので問題になっていますが、べつに土曜が休みになったからではないと思います。時間がへったために学力が下がったのではありません。先生の話をしっかり聴くことのできる子がへってきたのが原因です」

「よく聞く子は、よく学ぶ、ですね」

母がいない!

これまでいろいろ経験してきましたが、いちばん痛切というか、心細い思いをしたのは小学校の二年生のときのことです。

学校から帰ってみると、かならずいるはずの母の姿が見えない。世の中がまっ暗になったようでした。きっと悪いやつにさらわれたに違いないときめました。こども自転車のタイヤに空気をパンパンに入れました。人さらいを見つけたら、追っかけるつもりだったのです。

結局、何も起こらず、何もしないで、夕方になりました。本家(うちは分家でした)から人が来て、母はおじいさん(父)が危篤《きとく》で実家へ行った、なんだったらうちへ来いと言いました。

ほっとするよりも、本家の人たちがうらめしかった。こどもだからとバカにして、母から頼まれたことをほったらかしにしておいて、いまごろやって来るなんてひどい。こども心にも許せないような気がしました。本家の人たちはみんな悪ものだときめつけました。以来、ずっと心をひらくこともなく、本家へはよりつかないようになりました。それほどうらみがふかかったのです。こどもだからといって、あなどってはいけません。

母が本当にいなくなったらどうしよう。そのことがあってから、ときどき不安になりました。そしてそのたびに、いるから大丈夫だと自分に言いきかせました。

その母が、ある朝、倒れて、あっという間にあの世とやらへ行ってしまいました。先のことがあってからわずか一年ほどのちのことです。三十三歳の若さでした。

それからずっと母のいない淋しさを味わってきました。母はどこにも行かないで、ただそばにいてくれるだけで最高です。母親といっしょにいるほかの子を見るとうらやましいと思いました。このごろ、よくないことをするこどものニュースを聞くたびに、母親がいなくて心細かったのだろうか、と想像したりします。

たのしい学校

こどもだって、わからないことはコワくて不安です。新しく学校へ行くと思うと、わけもわからず、おもしろくない思いをします。それを見越して、まわりで、こどもをはげましてやらないといけません。ことにきょうだいのすくないいまのこどもはそうです。

学校にはたのしいことがいっぱいある、と言って、こどもの気持ちをほぐします。かりそめにも、勉強をしないと先生に叱られる、などと言わないことです。学校に対して、よい先入主《せんにゅうしゅ》をつくっておくことが、こどもの学校生活をたのしくするのに、どれほど役立つかしれません。

親が、自分のこどものとき、はじめて学校へ行ったときのことなどを話してやるのもいいでしょう。そういう話をこどもは実に素直に聞きます。

学校へ行けば新しい友だちができて、すばらしいということも話してやります。実際、学校のよいところは友だちのできることです。そのことを学校の先生も案外、ご存知ないのですが……。

仲よしがあれば、学校は断然、おもしろくなります。休みの日は友だちと遊べないからつまらない、と思うようになれば、シメたものです。

もうひとつ大事なのは、先生が好きになることです。それとなく誘導します。先生が好きになれば、学校は楽園のようになります。友だちと遊ぶ以上に、学校がたのしくなれば、勉強もすばらしくできるようになります。

かつての家庭は、先生をえらい、と思っていました。それが自然にこどもにも伝わり、先生の言うことをよくききました。このごろの家庭は、父母のほうがえらいので、先生をむかしのように尊敬しません。ひょっとすると先生を批判したりします。それではこどもは勉強しなくなります。

いまの先生がえらいと思われなくてもしかたがありませんが、すくなくとも、先生が好きだという子に育てたいものです。

勉強は集中

あるお母さんが教育相談の先生の話を聴きに行きました。

お母さん（M）「うちの子、勉強が嫌いでこまります。始めたかと思うと、十五分くらいでもうやめてしまいます」

先生（T）「十五分でもすればいいじゃありませんか」

M「そんなに短くていいんでしょうか」

T「長ければ長いほどいいというものではありません。長い間机に向かっていると、どうしても緊張がつづきません。だらだら、気を散らしがちになります。長い勉強はむしろ逆効果です。二十分以上、勉強してはいけません。そう言ってごらんなさい。こどもはびっくりして、もっとしたくなります」
M「いくらなんでも二十分では短すぎませんか」
T「短い時間で、集中して、緊張して勉強する習慣をつけることができれば、学力向上はまちがいありません」
M「集中するというのは、どういうことでしょうか。どうすれば集中できますか」
T「ちょっと難しい問題ですが、なるべく気を散らさないように、ほかのことは考えないで、勉強のことだけ考えるようにしむけるのです。家族が勉強している子に話しかけたりするのは集中を妨げて、たいへんまずいことです」
M「うちの子は、テレビを横目に算数なんかをしていることがあり、さすがに、これはいけないと思い、やめさせるようにしていますが……」
T「大人でも集中は容易ではありません。頭の切りかえをうまくしないと集中は難しいですね。わたくし自身、むかし、集中の練習をしたことがあります。そばに時計を置いて、十分間、ほかのことをいっさい忘れて、目の前のことだけを考えてするように努力するのです。なれると、何でもなくなります。まわりがすこしくらいうるさくても、平気になります。お母さんもうまい方法を考えてあげてください」

わけへだて

イギリスにフランシス・ベーコンという哲学者がいました。その『随想集』は智恵の本として三百年来読まれつづけています。

その本では、子育てについて、こんなことを言っています。いちばん上の子は大事にされすぎてうまく育たないことが多く、末っ子は甘やかされて育ちが悪い。あまりかまわれないで育つ、まん中の子がりっぱになる……というのです。

いまは少子化の時代です。たくましく育つまん中の子がいません。

知り合いの家庭では、男の子ふたりきりでした。どういうわけか、両親とも、下の子をねこかわいがりにかわいがり、上の子にはつらく当たりました。当然のことながら、上の子はひねくれました。それで、親からいっそううとんじられる、ということになりました。外から見ていて、いけないな、と思いながらも、注意することはできませんでした。

このふたりの子が、まだ小学生だったとき、かわいがられていた下の子がかりそめの病で亡くなってしまいました。両親の傷心は見るもあわれなほどでした。それから急に上の子をかわいがろうとしましたが、とうとううまくいかなかったようです。

いまは、ひとりっ子がすくなくありません。ひとりなら、わけへだてはできませんから安心です。しかし、別の問題があります。よその子と比べるのです。〝隣の花は赤い〟、と言います。どうしてもよその子のほうがよく見えるのです。

「〇〇ちゃん、ごらんなさい。すごく勉強するんですってよ。あなた、しっかりしなくちゃ……」

こどもにとって、こういうことを言われるほどいやなことはありません。素直に聞く子はいないでしょう。反発します。ひいては親の言うことを聞かなくなります。

うちの子はうちの子、よその子はよその子です。いちいち比べるのは賢明ではありません。

きちんと

あと三日しかないのに、宿題が山ほど残っている。さあ、どうしよう、こまった、こまったと思っているところで目がさめる。夢だったのか――。

そういう夢をこの歳になっても、ときどき見ます。よほどそのときこまったのでしょう。目がさめてからも、その小学校三年の夏休みの終わりのことがまざまざとよみがえってきます。

一、二年のときは、宿題をきちんと毎日しました。宿題のほかに「日記」もつけなくてはいけませんが、それも、つけない日はありませんでした。

三年生になって、気がゆるんだのかもしれません。日記をつけない日がたまってしまい、どうしたらいいかわからなくなりました。もちろん、ほかの宿題もほとんど手がついていません。それほどだらけた夏休みをすごしたのです。そして八月の終わりになってあわてたのです。

親ものんきでした。こどもが、そんな苦境にあるとも知らず、家族みんなでどこか遊びに行こうかなどと言うのです。ひとりで、どうしたらいいか途方にくれました。

そんなことがあったので、四年のときの夏休みは、毎日きちんと勉強するようにしました。日記はかならずその日のうちにつけました。八月の終わりが来ても、すこしもさわぐことはありません。ゆうゆうと学校へ行きました。しかし、このときのことは夢に見たりすることはありません。

大人になって、日記をつけるようになり、ずっとつづけています。日記はすんでしまったことを書くだけ。今日これから一日、何をするか、その予定を立てることを思いつきました。これは何十年もつづけています。毎日が充実するような気がします。

小学校の夏休みに入るときも、形式的に日記をつけるだけでなく、毎日をどうすごすかの日課表をつくることを教えてもらったら、どんなによかったか、夢ではなく考えます。

頭がよくなる

小さいこどもにとって、〝頭がよくなる〟というのは、殺し文句です。こども自身、口には出しませんが、ひそかに、頭がよくなりたいと思っているものです。たいていが、ちょっぴり、自分の頭はよくないのではないかという不安をいだいているからでしょう。

このごろテレビが納豆を食べると体にいいと教えると、その日のうちにスーパーの納豆が売り切れると言いますが、こどもも、頭がよくなると言われると、たいていのことはします。

ある子は、寒い季節、朝、冷たい水で顔を洗うのをいやがりました。あると

き、お母さんが、
「冷水で顔を洗うと、脳を刺激して、頭の働きがよくなるそうよ」
と話しました。冷水の洗顔は、眠気を払い、頭の働きをよくする効果がありま
す。昔からやってきたのはいい加減なことではありません。
そういう話を聞いてその子は、そのうちに、冷たい水で顔を洗うのを嫌わな
くなりました。
わたくし自身、いまはカキ（貝）が大好物です。寒いときは何かというと、
カキなべを喜んで食べます。しかし、小学校へ入って間もなくのころは、カキ
が大嫌いでした。
母がどこで聞いてきたかわかりませんが、
「カキにはグリコーゲンがたくさん入っていて、頭にいい。カキを食べると、
頭がよくなるそうよ」
と言いました。頭がよくなるのなら、キライだなどと言ってはいられないと思

ったのでしょう。カキを食べるようになりました。そして大好きになったのです。

母はこれに味をしめて、ニンジンは体にいい、トマトを食べる子は背が伸びるなどと、本当かどうかよくわからないことを言って、わたくしの苦手とするものをつぎつぎ好物にしてしまいました。

勉強をすると、復習をすると、頭がよくなると母は言いませんでした。そう言ってくれたら、もっと頭がよくなっただろうと思います。

絵地図をかく

やすおくんは、夏休みの終わりに、うちの人といっしょに旅行をしました。お父さんも会社を休んでいっしょに行きました。

一泊二日の小旅行で、やすおくんはずいぶんたのしかったようです。

帰ってきてお母さんが、いろいろ、やすおくんに行ったところのことを聞きました。やすおくんは、うるさそうに、ろくに返事もしませんでした。

お母さんが、やすおくんに言いました。

「夏休みの宿題の日記があるでしょう。あれに、こんどの旅行のことをかいたらどうかしら？」

「宿題になるのなら、やってもいいけど」

「かきなさいよ。文章でなくて、どこどこからどこへ電車で行って、そこからバスに乗って、旅館へついた、ということを、地図と絵でかくのよ。おもしろいじゃない？」

「うん。かいてみる、ボク」

「お母さんもかいてみるから、あとで、比べてみようね」

「お母さんにはかなわないよ。いっしょにかいてよ」

「ダメダメ。ひとりで考えて、思い出してかいてごらん。わからないところがあったら聞いてもいいわ」

「お母さんもかくの？」

「そうよ。お母さん、絵は得意じゃないけど、あなたに負けないよう、がんばる」

「競争しよう」

ふたりはめいめい絵地図をつくりにかかりました。かいてみると、なかなか難しくて、半日かかってしまいました。

でき上がったのを見せ合って、お母さんとやすおくんは、たのしくしゃべりました。

お父さんが帰ってきたので、やすおくんが、この話をすると、

「そりゃ、いい勉強だった」

とほめてくれました。やすおくんは〝やった〟と思いました。

小さなこと

このごろ、きれい好きなお母さんがすくなくありません。こまかいことをいちいち注意するのです。

すこしでもよごれていると、「きたない、きたない、洗っていらっしゃい」となります。

そういうお母さんに育てられた子は神経質になり、小さなことがいちいち気になります。

勉強していて、消しゴムのかすが残っていると、気になってしかたがありません。きれいにするのに大さわぎします。そのはずみで、机の上の本がまがります。すると、これをなおさないと気がすみません。こういうこまかいことをしていると、気づかれがして勉強どころではなくなります。

神経質なこどもは、長い時間、机に向かっているくせに、あまり勉強が進まないことがすくなくありません。どうでもいいことに、いちいち気をとられ、集中できないのです。

勉強には集中が大切です。すこしくらいもの音がしても気にしないで没頭しなくてはいけません。

「きたない、あぶない、早く早く」というように小さなことをやかましく注意するお母さんの子は、どうしても、神経質になります。そうすると、注意散漫になりやすく、したがって集中力がなくなります。これがこわいのです。あまりこまかいことをうるさく注意するのは考えものです。

集中力を高めるには、スポーツが有効です。夢中になって運動をしているとき、こどもの集中力は最高になります。そうでなければスポーツは上達しません。

スポーツ選手で勉強もよくできるこどもがいます。普通の子に比べると勉強の時間はすくないのですが、集中力にすぐれているために、短時間で大事なことが頭に入ります。

大らかに、そして、いざとなったら集中力を発揮する。それが本当によくできる子です。

てんとりむし

母「ゆきおちゃん、てんとりむしになってみない？」
子「てんとうむしなら知っているけど、てんとりむしって、なあ〜に？」
母「点を取る虫ですよ。あなたが、その虫になるのです。朝、起こされないで起きたら一〇点、きちんと、うちで復習の勉強をしたら一〇点、おつかいに行ってくれたら一〇点、というように、点を取るのです。夜早く寝ると、また一〇点です。こうすると、その日は四〇点取れたことになります」
子「おもしろい」
母「でも、取るだけではなく、悪いことをしたり、お母さんの言うことをきかなかったりすると、そのたびに、五点ずつひきます。悪いことばを使ったりしても、一度に五点ひきます。前のように、四〇点取っても、三度点をひかれることがあると、一五点ひかれるから、二五点になります」
子「それでどうするの」
母「お母さんが、点取り表をつくってあげます。取った点がどれだけ、ひかれた点がどれだけかを書き入れます。毎週土曜日になったら、夜、その週に取った点がいくらになるか、あなたが計算するのです。一〇〇点をこえたら、ホウビをあげます。どう？　してみる？　おもしろいわよ」
子「そんなことしている子、きっといないよね。でもおもしろいね。やろうか。お父さん、なんて言うかな」
母「そんなこと心配しなくていいの。さっそく来週から、やってみましょう。お母さんも応援するわ。がんばって……」
（こうして幸雄くんはてんとりむしになりました。毎日、壁に張った点取表をにらんで、すこしでも点が多くなるように、いろいろいいことをしようと思うようになりました。お母さんのねらいは、算数の、足し算、ひき算の練習をすることでもありました。幸雄くんは、間もなく暗算もうまくなりました。）

歌声

日本人は歌が好きではないのでしょうか。テレビの流行歌は聞きますが、高らかに歌をうたうことはありません。

かつて、小学校に『雪』という歌がありました。

雪やこんこ　あられやこんこ　ふってはふってはずんずんつもる

山ものはらも綿帽子かぶり　かれ木残らず花が咲く

というものです。

戦後のあるとき、四国や九州の親たちが、この歌を教科書からはずせという運動をしました。ほとんど雪の降らない土地で育つこどもに、雪の歌はいらない、というのです。それが通って、『雪』は消えました。雪を知らないからかえってこの歌はおもしろいとは考えませんでした。歌がきらいなのです。

同じように、昔の小学校六年の唱歌に、

うさぎ追いしかの山　小ぶなつりしかの川
夢はいまもめぐりて　忘れがたきふるさと

で始まる『故郷《ふるさと》』がありました。実にいい歌です。うたっていると、しみじみとした気持ちになります。

ところがやはり若い人たちが、この歌を追放しました。ふるさとのない子はどうする。ふるさとがあっても、自然は荒れてしまって、歌のようではない。現実ばなれした歌はやめよと言って、うたわれなくなりました。

宮崎県の諸塚《もろつか》村では、この『故郷』を村歌ときめて、ことあるごとに老若男女が声を合わせてうたいます。この村は、小学校のこどもでも、よそから来た人に道でいちいちあいさつします。やさしいあいさつの心を持っています。

そうです。歌はやさしい心をはぐくむのにたいへん効果があります。『故郷』の歌をうたっているこどもたちなら、友だちを殺したりはしません。そればかりでなく、歌をうたうのは体、健康にもたいへんいいということです。家庭も、歌声をひびかせることで、どれだけ明るくなるかしれません。

ホントってな〜に？

前にも一度書きましたが、もう一度書きます。

ある小学生の男の子。生まれてはじめて、すぐ近くで富士山を見ました。そして、

「こんなの富士山じゃない！　ウソの富士山だい！」

と叫んだそうです。

この少年には、写真などでなじみの雪をいただいて遠くにかがやくのがホントの富士山だったのです。目の前の夏山、黒々とした大山を信じることができませんでした。

むかしの子は、写真など見たことがなかったから、どんな姿をしていても、富士山だと言われれば素直に納得しました。いまは情報が多すぎて、ホンモノとウソの区別がつかなくなりました。たいへんなことです。

とんでもないことをしでかした子が、「ちょっと人を殺してみたかったから！」などとうそぶく。あるいは、悪いことをしたという気持ちはさらさらなく、「べつに悪いことをしたとは思わない」などと言い放つのです。世も末だというほかありません。

ウソばかり見たり聞いたりしていれば、ホントのことはわかりません。ホントのことをウソだと思うかもしれません。ホントの富士山をウソだと言った少年もそのひとりです。

テレビなどを見ていて、いまのこどもはずいぶんもの知りです。しかし、その知識はホントの生活で得たものではなく、テレビの流すつくりもの。映像から与えられた虚構、ウソだということを見落としてはたいへんです。

テレビだけではありません。一般に、知識というものはウソです。現実そのものではありません。知識、情報が多くなりすぎると、だんだん、現実ばなれしてきます。浮世ばなれはまだしも、ホントとウソの区別までわからなくなってしまっては、コトです。

勉強さえしていれば、りっぱな人間になれるように思っていると、ウソとホントがわからなくなり、ホントを見て、ウソだと言うような人間になるかもしれません。

あいさつ

歩道の自転車が危険です。

後ろから音もなくやって来て、こちらの肩をこするようにして走り去ります。後ろ姿もにくらしく見えます。

中にはリンリンとベルを鳴らして人払いをするのもいます。

しかたがないから、脇によって通してやりますと、女の人がおこったような顔をして行きました。すぐあとを、男の子がつづいていましたが、ちょっとほほえんで、

「すみません」

と言いますから、後ろ姿を追うような気になりました。

何が「すみません」なのだろうかと考えていて、ひょっとすると〝ふつつかなお母さんですみません〟とでもいうのかもしれないと考えたらおかしくなりました。

それにしても、あの子は、どこであいさつを覚えたのでしょう。お母さんにしつけられたのではないことは、はっきりしています。学校でも教えませんし……。

前に、九州・宮崎県の山奥、諸塚村のことを書きました。

朝、宿を出て散歩していると、登校らしいこどもがやってきて、こちらに向かって、

「おはようございます」

とあいさつしました。見ず知らずのよその人間に、どうして、あいさつするのか、わかりませんが、とにかく、ひどくいい気持ちでした。

あとから来るこども、生意気ざかりの中学生らしいのもいましたが、だれひとりだまって行くこどもはいませんでした。

あとで、村長さんに会って、そのことを話しましたら、村長さん、こともなげに、

「村ではあいさつをするようにとみんながつとめています」

と言われました。それにしても、こどもがよそから来た人にまであいさつするのはまことにかわいらしいと思いました。

立つ

わたしは朝、電車に乗って遠くまで行って散歩をする習慣です。そのために定期券を持っています。帰りの電車は、ちょうど、小学生の登校の時間で、こどもがたくさん乗っています。多くが名門の付属小学校の子です。

ラッシュの逆方向で車中は空席があるくらいです。それなのに、児童がシルバー優先席にふんぞりかえっています。目ざわりでしかたがありませんが、いつもがまんしています。

ある朝、お年寄りが乗ってきました。席をゆずってくれればいいが、と見ていますと、こどもたちは、お年寄りには目もくれず、大声でわめいています。

立とうとしません。

とうとうがまんできなくなりました。こちらはもと教師ですから、だまっていられません。

「キミたち、立ちなさい。ここはキミたちの腰掛けるところじゃないんです。それにうるさくさわいで、まわりの迷惑です。静かにしなさい」

とまくし立ててしまいました。ほかの乗客がこちらを見るので恥ずかしい思いをしました。

こどもは乗りものの中では、席にすわらせるのがよい、と大人たちは思っているようです。

あるとき、幼い子を連れた外国婦人が電車に乗ってきました。日本人の女性が、その子に席をゆずろうとして立ち上がりかけると、外国人のお母さんが、

「こどもにはゆれる電車の中で立っている練習をさせます。どうぞ、ご心配なく」と、流暢《りゅうちょう》な日本語であいさつしたそうです。日本人女性はバツが悪かった

といいます。

人間は二本脚で立ちます。それで〝ころぶ〟のです。イヌやネコはころびません。小さいときからしっかり立つようにしないと、年をとってころんで大事を招きます。

走っている電車の中で立っているのは、最上の立つ練習です。こどもが優先席におさまるのは論外です。

学校よいとこ

小学校へ入学しようとしているこどもは、多く、漠然とした不安をいだいています。入学を待ちかねてワクワクしている、などという子はすくないでしょう。

幼稚園が、うっすら小学校をおそれているからです。お母さんも、なんとなく心配です。こどもは敏感に、それに反応しているのです。

小学校へ入ってから、もとの幼稚園へ遊びにくるこどもが、口をそろえて、

「幼稚園はたのしかった」

「幼稚園はよかった」

と言うのです。遊んでいればよかった幼稚園が、勉強をする小学校より〝たのしい〟のは当たり前です。そういうこどもたちを見て、幼稚園はひそかに喜んでいるのです。

お母さんが、こどもといっしょになって、幼稚園はよかった、小学校はつまらない、などと言ってはこまります。そう思っていてもいけません。思えば、顔に出ます。こどもはそれで、小学校はいやなところだと思うようになるのです。

お母さんは、多少、無理をしてでも、勉強は遊ぶことより、おもしろい、というようなことをくりかえし言ってやります。新しいお友だちがたくさんできて、たのしく遊べるということも話します。

とにかく、学校はいいところだ、と教えます。幼稚園もいいところでしたが、それとは違ったよさが学校にあるということを話してやるのです。こどもの学校に対する気持ちがそれによって明るくなるでしょう。

入学祝いに、ものを買い与えることが多いのですが、あまり、ぜいたくな品物を買うのは感心しません。

それより、小学校はいいところ、というイメージをプレゼントできれば、すばらしいと思います。

それには、まず、お母さん自身が、学校よいとこ、と思う必要があります。

親まさり

その遊園地は電車の終点にありました。客を運んできた電車は、乗客が降りてしまうと、ホームで、帰りの客を待つのです。

帰りの客は、改札を通ると、たいてい小走りに電車に乗ろうとして先をあらそいます。

小学生を連れたお母さんが、

「早く行って、席をとって！」

と声をはげまして言いました。

こどもが、

「そんなにあわてなくても、だいじょうぶ、席はあるよ、お母さん」

となかば、たしなめるようにこたえました。

お母さんは、

「そう？」

といくらか不満そう、いくらか照れくさそうに言いました。駅長さんらしい人が、やってるな、という顔でそれを見ていました。よくある光景なのでしょう。

こちらは、街の中のこと。

前にも書きましたが、せまい歩道なのに、自転車が通って、うるさくてしょうがありません。おちおち歩いていられないのです。

女の人の自転車が、後ろからだまって走ってきて、こちらの肩をこすって追い抜いていきました。（危ないじゃないか）と思っていると、すぐあとを、その人の子らしいのが自転車で走ってきて、

「すみません」

とひとこと残して走り去りました。

この子は、何を〝すまない〟と思ったのだろうと考えました。人ごみのところを通してもらって〝すみません〟というのだろうか、といったんは思ったのですが、案外、〝お母さんのこと、すみません〟と言っているようにも思われて、おかしくなりました。その子の後ろ姿がかわいく見えました。

親まさり、ということばがありますが、こどもはときどき親以上のことをしたり、言ったりするもののようです。

いったいだれが教えたのでしょうか。

心をはぐくむ

　こどもの心が荒れている、と言って、心配するようになったのは、二十年くらい前からでしょうか。とんでもないことをやらかす青少年がふえだしたのが、きっかけです。

　そのころの文部省が、「学校、家庭、地域」が力を合わせて、こどもの心を豊かにするようにという指針を示しました。学校も家庭もどうしたらいいのか見当もつきません。まして地域が、どうかかわったらいいのか、だれにもわかりませんでした。いまもそうです。

　学校は勉強で手いっぱいです。その学力も落ちていると言われます。心などにはとても手がまわりません。

やっぱり家庭です。親です。

しつけをやかましくすれば、いい子に育てられる、と思っている家庭がすくなくありません。親が子に暴行を加えておいて、しつけのつもりだったと開きなおる親さえいる世の中ですから、こどもがかわいそうです。

勉強と違って、心は口で教えることができなくてこまります。

まず、生活の中で、いい習慣をつくります。それがほとんど意識されないようになったところで心が芽生えているのです。朝、起きたら、顔を洗って、家族にあいさつして、いただきます、ごちそうさまと言って食事をする。そういうことは毎日つづけていると、それが習慣になり、そうしないと気持ちが悪くなります。これで心がつちかわれます。

不規則な生活では健康な心は育ちません。

もうひとつ大事なのは、こどもをしっかり、ホメてやることです。

ホメられると、元気が出ます。やさしい気持ちになるでしょう。乱暴なことを考えたり、したりはしません。もちろん、一度ホメただけではいけません。ホメる習慣を親が持つように心がけがいるのですが、これがなかなか難しい。心をはぐくむのは体を大きくするよりずっとたいへんですが、大切です。

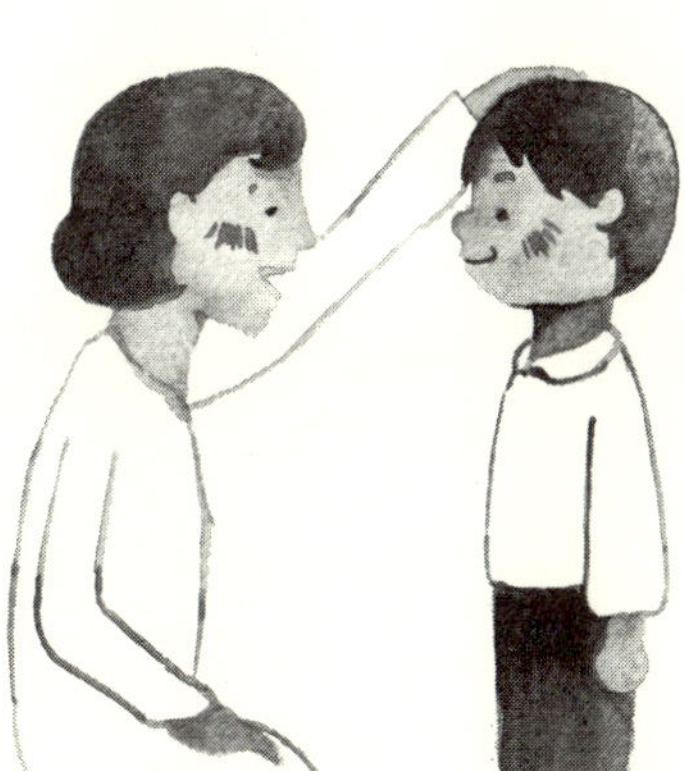

ラジオ

もうかなり前のことですが、アメリカでこどもの教育にとって、テレビがいいか、悪いか、が大問題になったことがあります。

それをTVオア・ノットTV・ザット・イズ・ザ・クエスチョン（TV是か否か、それが問題）、とやって国民的注目をあびました。シェイクスピア『ハムレット』の〝トゥ・ビー・オア・ノット・トゥ・ビー・ザット・イズ・ザ・クエスチョン〟という有名なせりふをもじったものだったからです。

いいか、悪いか、はっきりした結論は出なかったようです。

いまどき、そんなことを問題にする人はありません。いいも悪いもなく、テレビは、こどもだけでなく、すべての人にとって、なくてはならないものになりました。

こどもにテレビを見てはいけない、というのは、罰になります。テレビを見ない子はいないでしょう。

しかし、テレビの害があります。テレビをよく見る子ほど、その害を多く受けます。最大の害はひとの話をよく聴けなくなることです。このごろ、小学校で学級崩壊が起こっていますが、多くは、こどもが、先生の言うことをよく聴けないからです。

テレビは、よく聴かなくても、映像、絵がありますからわかるように思います。実際ではテレビほどはっきりした映像がありませんから、わからなくなるのです。

テレビは耳を悪くします。話を聞いても、よく理解できなくなります。学校の授業は先生の話が大部分です。それをよく聴かなければ学力低下は当然でしょう。

どうしたら、耳をよくできるか。ラジオの話を聴くことです。ラジオはうたっていることが多いのですが、歌では聴く耳はできません。話を聴きます。

ユダヤ人の家庭では、こどもにテレビを見せないで、つとめてラジオを聴かせるそうです。それで頭のよい子が育つと考えられています。

よく聴き、よく学ぶ

よその国のこどもと比べて、日本のこどもの学力が低い、という調査結果が出て、大さわぎになりました。

文部科学省は、始めたばかりの「ゆとり教育」を早々と「見直す」、つまり、とりやめにすると、言っています。

「ゆとり教育」は、家庭でも賛成の多かったものですが、週五日で時間数をへらし、教える内容もすくなくする、というのですから、学力が低下するのは、はじめからわかっていたはずです。国際比較の数字におどろくのはどうかしていると言ってよいでしょう。

このごろのこどもの学力がふるわないのは、授業時間がへったためばかりではありません。こどもの授業の受け方に問題があるのです。心を入れて勉強しないから、力がつかないということです。

心を入れて授業を受けるというのは、ほかでもありません。先生の話を、よくよく聴くのです。いまの学校は、先生の言うことをロクに聴かない生徒に苦しんでいます。小学校、中学校だけではなく、大学ですら、教師の話をそっちのけにして、学生同士で私語します。うるさくて授業にならないという先生がすくなくありません。

ことに、最近は、大人の言うことを聴かないで、かってなことを叫ぶこどもがふえています。一説によると、育てるお母さんが、そうだから、こどもはそれに染まって、聴く耳を持たなくなるのだというのですが、さてどうでしょうか。

いくら授業時間がたくさんあっても、こどもが先生の話を馬耳東風と聞き流し、思い思いのことをしゃべっていたりしたのでは、授業になりません。学力などついたら、そのほうがおかしいくらいです。

勉強は、本を読んだり、字を書いたりするだけではありません。先生の言うことをよく聴くのが、たいへん大事です。いまは、それを忘れています。

本書は、全日本家庭教育研究会（全家研ポピー）発行の『家庭教育の友』シリーズ三部作「頭のいい子は耳がいい」「家庭という学校」「自ら学ぶ力」（いずれも平成十五年六月刊行）と、同会発行の家庭学習教材『小学ポピー』親向け情報誌「ポピーママ」の平成十四年四月号から平成十七年八月号に連載した稿をもとに、加筆修正を行い、編集したものである。

【著者紹介】外山滋比古（とやま・しげひこ）

英文学者，評論家。文学博士。

1923年，愛知県生まれ。東京文理科大学英文科卒業。雑誌『英語青年』編集長，東京教育大学助教授，お茶の水女子大学教授，昭和女子大学教授を歴任。現在，お茶の水女子大学名誉教授。

2001年～2005年，全日本家庭教育研究会総裁。

専門の英文学をはじめ，言語論，修辞学，教育論など，広範囲にわたり独創的な研究と評論活動を続ける。また，幼児・子どもに対する「ことば」の大切さを提唱する著作も多い。

著書に『思考の整理学』(筑摩書房)，『自分の頭で考える』(中央公論新社)，『失敗の効用』(みすず書房)，『今昔有情』(毎日新聞社)など多数。

子育てのヒント

2011年10月31日　第1刷発行

著　者　外山滋比古
発行者　中川栄次
発行所　株式会社 新学社
〒607－8501 京都市山科区東野中井ノ上町 11－39
電　話　075－581－6163
F A X　075－581－6164
http://www.sing.co.jp
印刷・製本　大日本印刷株式会社

ISBN 978-4-7868-0190-7